★★★ 新生代理財投資 YouTuber **李勛 SHIN LI** 著 ★★★

25歲存到 100萬

學校沒教、掌握獨立理財思維的 **30** 堂課，
讓人生更有選擇權！

suncolor
三采文化

沒有富爸爸，也能靠自己改變未來

——生活理財 YouTuber 冰蹦拉

　　我大概從李勛的 YouTube 頻道還在一兩萬訂閱時就追蹤他了，那時候線上有質感、有系統、有條理講述理財的頻道真的不多，就算有畫面也很粗糙，看了我毫無興趣（威～）但李勛的內容真的超對我的胃。可能因為他的科系使他對畫面有一定的執著，你會發現所有的字卡呈現都特別設計過，整支片閱讀起來就是讓人覺得「很舒服」～簡潔有力又用心地講述看來複雜的信用卡、銀行優惠，那時候我就知道，他一定會紅！果然～一瞬間就破十萬，我們也很幸運地搭上線合作拍了影片。

　　第一次見到李勛，不得不說他真的很謙虛、有禮貌，螢幕下的他是一個很害羞，偶爾也會有點猶豫的大男孩，拍攝過程中也極盡要求完美。你感覺得出來，他對自己的嚴格，每一次拍攝絕對都做足了準備，這樣的堅持，也同時運用在他的理財觀裡頭。

　　市面上的理財書千千萬萬種，永遠都看不完：幾個步驟就能達到財富自由、打造被動收入、簡單投資、輕鬆賺到一百萬、從生活中培養理財等等的主題，每一本都很吸引人，內容儘管大同小異，但我想很多人都是這樣，看著封面翻翻兩頁就拿去

結帳，回家擺在書桌上，好像自己已經閱讀了，就再也沒翻開（笑⋯⋯）仔細想想，生活中有一部分浪費的錢，就用在購買「教你理財、省錢」的書籍上。

如果你跟以前的我一樣，也是這樣買了書懶得讀，只拿回家擺著，想必這時候的你，肯定還沒愛上「存錢」，也還沒愛上「整理自己的財富」這件事情！也許這本書能給你一點希望和改變的機會～理財可以很簡單很容易，也可以很困難很無趣，不管用什麼學習方式，要持之以恆、習慣成自然才是最難的。

李勛用自己親身經歷的故事，誠懇地講述了他如何把市面上各種理財方法融會貫通，並摸索出一套適合年輕人、小資族的理財方式，邊看故事、邊從這些故事中學習，讓這本書更好閱讀，也更拉近和李勛的距離。在閱讀的過程中，會覺得李勛好像是認識好久的朋友，也能從文字中找出許多和自己的共通點，會想著：「對呀！我也是這樣辛苦過來的～」「對呀！我也有這種想法。」「對呀！我們都一樣沒有富爸爸，但努力地想靠自己改變未來，他都這麼認真也做到了，我還怕什麼呢？」

身為過來人的我知道，在大學時期絕對是培養自己存錢、喜歡錢、跟錢交朋友最好的時機。只要堅持下去，大概半年你就能發現你有很大的進步，也不用擔心自己孤軍奮戰，李勛的Instagram、YouTube 頻道隨時都會陪伴著你成長：）

愛「財」還不夠，還要「理」它

——藝人 宇宙 林思宇

　　我以為我已經是少數使用小資女角度來讓自己對金錢控管上有一套存錢模式的人了，想不到在 2021 年看到作者李勛的書，他也是同一種類型的人。他在網路上已經無私分享很多理財方法了，我自己看完也是受益良多。這本書中更是詳細解說一步一步該怎麼細做，不管是實際操作或是心態上的認知，都講到重要切入點，讓讀者可以更貼近地把自己帶入其中。因為他使用方法就是這麼平易近人，我自己看了也是頻頻點頭，沒錯！我們都是同一種人，那你還在等什麼。

　　光是書名就已經夠直球切入重點了，你只需要問自己：「想不想與這件事有關？」你對於「財」很有興趣，但有「理」它嗎？大家都嚮往更好的生活，但當大家都擁有同一筆數目的錢財時，往往能築夢踏實的，都是有規劃並且有條理地掌管自己錢財的人，而他們就能夠擁有更多選擇權，將財富握在手上，並往下一個目標前進。但通常大家就是不肯邁出那實踐的第一步。

　　你不一定要羨慕或跟隨那些大企業家的方式，因為我們的起跑點可能不一樣，所以你會覺得那很遙遠或不可能辦到，但現

在李勛已經幫你整理出一套理財模式了。重點是，每個人的每一筆錢都能小兵立大功，一小筆都不能少，小至從幾十塊開始存，大至教你分析如何投資。沒有存、哪能理，也只有先願意學會養成習慣，每個人都可以達成擁有一百萬的機會。把自己的先後次序排列好，當你實施計畫之後一定會更有感覺。

　　我也是個學生時期就會自然而然把零用錢存起來的人，不用存多，有剩就存，因為我知道它會積少成多，之後還要拿它們來做更長遠的計畫。雖然也沒有實際訂出什麼目標，但至少我知道長大後會需要更多的錢，所以我開始學會控制慾望，非到必要不一定要買新的，東西不一定要用貴的，開啟了我價值觀的轉變，我也對這件事樂在其中，因為看著戶頭錢愈來愈多而感到開心有成就感，開始對數字敏感且有興趣，這樣做這件事才會有意義。

　　就像作者把他的經歷直接與大家分享一樣，毫無藏私，希望大家試著去思考自己適用什麼方式，不要讓自己錯過理財的機會，並且以清楚的圖文解說，讓大家更快有效理財，明天就開始著手，謝謝李勛的分享，我將本書推薦給大家。

你不需要很厲害，
才開始理財

在寫作者序時，我猶豫了很久，不知道該從何下筆。

從高中起，我就幻想自己有一天是不是可以成為作家，出一本散文集或是寫一些自己想要傳達的東西，直到上了大學、出了社會後，這些幻想逐漸被現實吞沒。所以如今可以如願出書，我真的覺得很幸運。

雖然這是一本理財書，但我還是想寫進很多自己的故事，因為我不想讓理財失去了溫度，而另外一個層面，單純就是想要圓一個自己寫作的夢想，因為不知道會不會有下一本，所以就硬是把自己的故事都掏出來，放入每一個合適的章節中。

我很感謝這一路上自己所做的任何決定，當中一定有後悔、有不順心的，但不管如何這些都成就了現在的我。我的每一個故事多多少少都與金錢有關，原本認為這樣過於市儈的我，卻也因為這些故事而成就了我的今天和這本書。

我一直很想強調的一點是：「我不是專家，也不想當專家，我想當的只是你的朋友」。所以在看這本書的時候，我希望你可以抱持著輕鬆愉悅的心情。我覺得存錢、理財不該是壓力，一旦

你把它認定為負擔，那你一定會因為太痛苦而放棄。所以希望你可以透過我的故事，以及我希望傳達出的理念背後的溫度，來照亮你許久不見天日的內心。

學會與錢相處永遠不嫌晚，也永遠需要學習。雖然有時候談到錢是個沉重的話題，但人生哪個話題不沉重呢？只要你願意接受並且理解，任何的問題都可以迎刃而解。

如果你想要接觸理財，或是對於這些都一竅不通，我希望這本書可以給你一個好的啟發。或許你無法從這本書裡面得到致富密碼，但我希望它可以帶給你一點改變，可能是對於自己荷包多點的關心，或是願意動身了解投資，只要你因為閱讀了這本書而有了任何的改變或是行動，哪怕只是一點點，對我來說都是莫大的感動。

最後，也謝謝你願意閱讀這本書，不管你是從 YouTube、Instagram、Podcast，還是其他社群媒體中認識我，或者你是因為這本書而認識我，都很感謝願意拿起這本書、並且閱讀的你。我的朋友，就讓我陪伴著你，一起了解更多有關理財的故事吧！

Chapter 1

將夢想化為可實現的理財目標

Chapter 2

擺脫月光族，存下人生第一個 100 萬

Contents

Chapter 5

錢很少，也能開始投資股票

Chapter 6

投資外匯、基金，放眼全世界

Contents

Chapter 7

創造多元收入，自己就是最好的長期投資

Chapter 8

給年輕人的理財經驗談

將夢想化為
可實現的理財目標

錢不是萬能，
但可以買到我小時候的夢想。

存錢，
讓生活更有「選擇權」！

　　從小，我的基因裡大概就跟「愛錢」這兩個字脫不了關係。10 歲的我曾偷過爸爸收完保費的錢。我攀上略帶斑駁的白色櫃子，從一疊厚重如浪花般的千元鈔票中，抽走了一張放到口袋。

　　你問我，要錢做什麼？其實我也不知道，但心裡有個聲音認為：我就是應該有錢。

　　「我以後要蓋一棟很大的房子，裡面要養長頸鹿、大象還有很多動物，最好所有的親戚都住一起，這樣我就不會寂寞了。」

　　以前的我，總將擁有房子視為理所當然的事，所以規劃了一個比一個還要大的藍圖，妄想塞進我所有的想像與執著。但越

長越大，看清現實之後，你便知曉了自己的能力真的有限。在那藍圖裡，我放走了大象、趕跑了長頸鹿，也拒絕了其他的動物，我的家越來越小，擁擠到只能容納我自己一個人。

因為有了這些認知，所以我試圖將錢留在身邊，錢不是萬能，但錢可以買到我小時候的夢想。

世間上不受控的事物太多了，但是至少我可以決定我要留下多少錢。這也是為什麼，每次只要需要花錢，我就會感到痛苦，或許是因為我真的很小氣，但最讓我難受的是，我覺得我的信心與夢想，就好像跟錢一樣離我而去。

小時候，家裡不窮，但也算不上小康。父母為了提供給我們更多的資源，他們耗盡了青春，僅為了年幼的我們，成為未來人生道路上的一瞬火花。我常在等待他們下班回家時睡著，我們不窮，但是為了可以生活，父母很辛苦。

因為父母常要加班，所以我從小就是在安親班長大。那天，一如往常的媽媽牽著我的手走到補習班，在我拉開門的一剎那，她用很輕柔卻略帶沉重的口吻說：「不用擔心，如果家裡真的沒錢，我也會借錢讓你去讀書。」

我還沒意會過來，那道門，已經關上。

我的童年很幸福，但我不想要因為缺錢而讓生活那麼辛苦。

所以我嘗試省錢、理財、投資，為的就是能夠讓自己擁有更多的選擇，也期許自己有一天，可以更接近童年所繪的藍圖。

　　在我心中，「希望變有錢」的想法一直以來都沒有改變過，或許有些人會認為有這樣的想法很市儈，但我從來都不排斥自己很「愛錢」這件事情。因為愛，所以才會珍惜，才會想辦法得到更多。

　　我這麼努力存錢、賺錢，還有另外一個原因，那就是我的「不自信」。我出生於彰化，到了台北讀書後，有一種進到大觀園的感覺，身旁的每個朋友都穿得光鮮亮麗，他們來自世界各地，又同時極具才華，這讓我感到非常的自卑。我的穿搭不行、樣貌平凡、課業普通，而在拍片的技術上也並沒有特別突出。

　　但這時我意會到，在這個或許我無法贏過他人的世界中，我唯一可以掌握的就是「錢」。雖然我賺得不多，但是我可以存得很多。因為這個原因，讓原本就很愛錢的我，更多了一個要好好珍惜錢的理由，默默地為了自己設下了很多的目標，想盡辦法地去達成。

　　當聽到身旁的朋友又在抱怨自己沒錢吃飯時，我心中便有種油然而生的自信，雖然這種自信聽起來很病態，也為了這個原因，讓我想要透過各種方式贏過身旁的朋友。

存錢對我來說，是興趣，也是動力。每當存下一筆錢，我內心就更雀躍了一些。

或許對於存錢的動力與想法，每個人都不盡相同，但是讓自己的生活更有「選擇權」，絕對是大家都想要擁有的。

我可以選擇自己的生活型態，而非讓人生來駕馭我。或許你會認為，投胎比投資還要重要，但相信我，你已經生在這世界上，請不要輕易地放棄你的後半生。

老實說，現在的我已經放棄擁有童年中想像的房子，取而代之的是，盡我自己所能地買一間房子，接自己的父母一起住。

他們為我燃盡了他們的青春，後半輩子就換我為他們發光、發熱。

LESSON
01

如何用錢，
代表你的人生價值觀

在書的一開始，我想要分享的是：錢是什麼？

我相信，大家對於「錢」這個字，一點都不陌生，一定是從小聽到大。

但你有思考「錢」在你生命中的意義到底是什麼嗎？

每個人對於錢的觀念，一定都有所不同，有些人屬於及時行樂，認為錢再賺就有了，而有些人則是屬於未雨綢繆，適當的消費，並且把剩下的錢都存下來，以利於之後的生活或是投資。

如果你已經願意打開這本書閱讀，我相信你一定是想嘗試理財的人。我們常常想要找一份穩定且薪水高的工作，但有個很現實的問題是，現今的社會下你很難奢求一家公司讓你工作一輩

子，甚至，你自己也無法一生都在工作。

存錢，增加人生選擇權

存錢的用意，除了可以購買到你自己想要買的東西，或是價格比較高的單品之外，其實對你以後的生活絕對是有幫助的。如果你今天退休之後，斷了收入來源，你必須依靠的絕對是你的儲蓄、還有投資，甚至是一些被動收入。

我個人認為，錢它不只是一個交易上的媒介，它更是一個生活上的保障，我相信大家一定都有聽過一句話：錢不是萬能，但沒有錢卻是萬萬不能。

如果你今天手上握有的資金足夠的話，它是可以為你增加選擇權的，你不用為了生活而煩惱，甚至可以過上更好的生活品質。這一切都是取決於錢的多寡，而理財觀念在台灣教育中，其實很少受到重視，如果你的家庭教育又沒有教你如何省錢或是理財，基本上你的理財都必須靠後天學習而來。

本書的內容會針對理財新手提供不一樣的見解，或是不一樣的建議，但是當然大家還是可以先思考一下，錢在你心中的定義到底是什麼？

我個人認為，愛錢這件事情本身並沒有錯，只要取之有道，並且把這筆錢運用在對的事物上，它就可以錢滾錢，讓你賺到更多的錢。

理財新手，要先學會如何存錢

如果你還沒有開始理財，或是還沒有開始存錢的新手的話，這邊分享一個法則，叫做「72 法則」。

在已知存款、投資年利率或年化報酬率的狀況下，你只要將「72」除以該項投資的「年利率」或「年投資報酬率」，就能簡單地計算出大約資金翻倍的年數。

72 法則：計算投資何時會翻倍？

$$72 \div R \doteqdot T$$

年利率、年投報率＝R％　　　本金翻倍的年數

舉例來說，如果你存 100,000 元，在年利率 1% 的高活儲數位銀行中，必須等到 72 年過後，你的資產才會翻倍。如果你將此本金用於投資報酬率 5% 的股票，約 14.4 年能翻倍。如果你自始自終投入的本金只有 100,000 元，無論你選的是活存或股票，等到 14 年或 72 年後，你不僅頭髮已經斑白，甚至通貨膨脹的速度也可能讓這 100,000 元變得一文不值。

> **Case 1**
>
> 將 100,000 元放銀行活存,年利率 1%,多久本金才能翻倍?
>
> $$72 \div 1 \fallingdotseq 72 \quad \text{← 本金翻倍的年數}$$
>
> ↑
> 年利率 1%
>
> ➡ 存款 10 萬變 20 萬,約需 72 年。

> **Case 2**
>
> 有張股票的年投資報酬率為 5%,多久投資才能翻倍?
>
> $$72 \div 5 \fallingdotseq 14.4 \quad \text{← 本金翻倍的年數}$$
>
> ↑
> 年投報率 5%
>
> ➡ 此張股票投資翻倍,約需 14.4 年。

所以在新手理財階段,「存錢」,增加本金才是讓你資產翻倍最快的方式。

如果你目前存款是 100,000 元,每月薪資是 30,000 元,利用「631 法則」,將薪水分成 60% 生活費,30% 儲蓄,10% 風險規劃。按此比例,你每月可存下 30%,也就是 9,000 元,一年就可以存下 108,000 元,僅僅一年的時間就多了將近一倍的存款。這表示對理財新手而言,「多存錢」絕對是比「投資」更快讓資

產翻倍的方法。

等你的積蓄達到一定的數字之後，就可提撥部分的錢進行投資，這樣就可以讓錢滾錢，並且讓自己未來可以有更多、更好的選擇。

如何看年利率、年投資報酬率？

【年利率】

指一年的存款利率，可從各家銀行牌告得知。

【年投資報酬率】

年投資報酬率是資金投入一年所得到的報酬率，可分為兩類：

❶ 年平均報酬率，其算法是直接將「總報酬率」除以「資金投入的年數」。

❷ 年化報酬率，或稱為「複利報酬率」，將每年獲利後的再投資利得也考慮進去，可以更精確地反映報酬的多寡。

勛語錄

剛接觸理財時，不要妄想投資致富；
投資有風險，但靠自己打拼存下來的錢沒有風險。

個人財務試算表，
檢核收支平衡

這一篇要分享的是讓你方便檢核收入及支出的健檢單——「個人財務試算表」。

我特地設計一個比較簡單的表格，讓你填上收入及支出。利用這個表格，你就可以很輕鬆地知道自己的收入及支出的比例是否正確。

我相信很多剛接觸理財的新手，或想要存錢的新手，應該都會覺得記帳是一件非常違反人性，而且非常麻煩的事情。所以我設計了一個表格，這個表格我把它稱之為「個人財務試算表」（請見 24 頁）。

個人財務試算表

項目	每月預算	每月實際花費金額	是否達標或超標	金額
每月收入	30,000			30,000
每月儲蓄金額 30%				9,000
先存錢，後消費	9,000	9,000	0	9,000
每月開銷總計 60%				17,316
所有的生活花費	18,000	17,316	684	17316
每月風險規劃 10%				3,000
醫療險 / 意外險	3,000	3,000	0	3,000
固定開銷				8,236
房租	7,000	7,000	0	7,000
電話費	699	748	- 49	748
水電	500	488	12	488
貸款（車貸 / 學貸 / 房貸）	0	0	0	0
非固定開銷				9,080
餐費	7,000	6,300	700	6,300
交通	1,280	1,280	0	1,280
娛樂	2,000	1,500	500	1,500
治裝	0	0	0	0

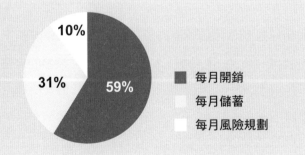

10%
31%
59%

■ 每月開銷
□ 每月儲蓄
□ 每月風險規劃

個人財務試算表可以試算出每個月的收支情況，到底有沒有符合你的理財規劃。

透過輸入每月的收入，下面的「每月預算」表格就會自動顯示你每個月需要存的錢，以及每個月開銷比例的上限，還有風險規劃的金額是多少。這個表格我先以 631 法則的比例來說明。

用 631 法則，檢視自己的財務比例

簡單來說，631 法則就是將自己薪資依照分成三等分，分別是 60% 生活費、30% 儲蓄以及 10% 風險規劃。至於詳細的做法在下一篇會跟大家分享。

在個人財務試算表的每個月的儲蓄目標，設定為每月薪資的 30%。假設你的每月收入是 30,000 元，每月儲蓄目標就是 9,000 元。在儲蓄的部分，請大家一定要謹記一個原則就是「先存錢，再消費」。

在表格中，我也幫大家設想到有時實際存入的金額與理想目標有落差，所以在儲蓄那列的「預算」——是理想的存入金額，而「每月實際花費金額」則填上實際存下的金額。可能你一開始在「預算」設定要存 10,500 元，可是沒有辦法達成的話，你就誠實地在「每月實際花費金額」那格寫上這個月存了多少錢。

關於你的財務計畫是否如預算般達標或是超標，可從「是否達標或超標」那格「差額」的正負值得知。如果在儲蓄的「差額」

是負值，就代表你這個月並沒有達到目標，這時就要去思考是哪邊多花錢，或是買了什麼不需要的商品。如果「差額」顯示是零的話，就代表這個月剛好達成目標。

但是，如果儲蓄那列的「差額」是正值的話，就代表你這個月存下來的錢比預期中的多，你也可以將這個月的生活模式再思考一下，是否因為少了哪些開銷讓你可以多存錢。如果少了這些消費對生活也不會有影響的話，我會建議你可以按照這個模式持續地增加自己的存款。

在「每月風險規劃 10%」中，主要包括平時所保的意外險或醫療險的內容。由於保險金額都是固定的，所以基本上不會有太大變動，當你輸入收入後，「風險規劃」這格一開始就會填妥。

在「每月開銷總計 60%」中，可以清楚看到自己每月的開銷，這包含了所有的生活花費，舉凡需要花到錢的部分，都可列入在此比例中。

在填寫「所有的生活消費」的時候，下面分成兩種開銷：一個是「固定開銷」，一個是「非固定開銷」。你可以將各種固定開銷先填入「預算」那格，接下來在「每月實際花費金額」一樣要麻煩你填上這個月的開銷。

在固定開銷的部分，變動程度可能不是那麼大，主要會更動的可能是你的水電費，或是電話費。非固定開銷的部分，我簡單整理出幾類：分別是餐費、交通、娛樂，以及治裝。如果把下面

的固定開銷及非固定開銷都填完之後，最右欄的「金額」會出現每個月開銷統計的自動加總計算。

我設計的這個表格只是一個基礎模板，如果之後想要新增更詳細的項目，也歡迎你們自行填寫。但是我希望你們可以先透過這個表格，來釐清每一個月的開銷及每一個月的儲蓄，是不是有達到你的目標。

在個人財務試算表中，我設計了一個圓餅圖（請見 24 頁），可輕鬆看到你的每月收支有沒有符合設定的比例。由於我是設定 631 法則，從圓餅圖我可以很清楚地看到，這個月統計後幾乎算有達標，所有的開銷是 59%，儲蓄是 31%，而風險規劃則是 10%。

其實你可以每個月記錄一次「個人財務試算表」就好，每個月去審視一下，看看自己的消費行為到底哪邊出了問題，下個月就盡量不要再犯同樣錯誤。我會將每個月的紀錄當成是一種「儀式」，在每次輸入數字的同時跟自己對話，去思考與再次提醒自己的儲蓄目標，並且堅定地告訴自己正在往堅信的目標前進，速度雖然緩慢，但是有一天一定會成功的。透過這樣的對話，也會讓自己每個月更期待「個人財務試算表」的紀錄，看著自己離儲蓄的夢想金額越來越近，其實是非常有成就感的一件事情。

還記得我大學時，每個月只有 5,000 元零用錢，為了讓自己盡早獨立，不再成為父母的負擔，我想盡辦法要將這筆錢使用得

淋漓盡致，每個月都希望可以再多努力省下一點錢。所以用最笨拙、也最有效的存錢方式，讓自己盡可能地減少社交，並且控管飲食，現在想一想，能夠如此地堅持真的很不容易。

等到出社會後，因為薪資的不穩定，我也利用比例原則的設定，讓自己不管領到的薪水多少，都可以存下一筆錢。即使我知道，將每個月收入平均之後賺的不多，但我也不希望因為一時的高收入而壞了儲蓄的規律，因為我知道自己有想要達成的目標與夢想。

當別人都在激你為什麼要省錢或留下來打工，只有自己知道自己的夢想與目標，不要輕易地對現實妥協，如果連你都無法支持自己，那還有誰可以幫你呢？

理財小學堂

下載「個人財務試算表」

載點 **https://reurl.cc/5o23A7**

【註】請用電腦開啟，方便個人使用與記錄。由於各行動裝置開啟試算表軟體有所差異，可能無法正常顯示。

勛語錄

存錢這件事情不是「能不能」，而是「要不要」。

最簡單可行的薪水分配法

「如果現在你有 1 元，你會存多少？」這句話大概是我從有記憶以來，在理財上最常聽到的一句話了。

如同「未雨綢繆」這句話是我媽媽的口頭禪，她總認為人生有太多無法預料與確信的事情，因此在我慢慢累積積蓄的同時，每當達成目標時，我總是第一時間跟她匯報。

大一那年，我存了七萬塊。從那一年開始，我也不再向父母拿零用錢。我盡己所能地不想成為父母的負擔，因此很用力地存錢，而那些理想中的存錢金額目標，只不過是對自己的一點交代或是一種認可，告訴自己終於成長了。

我身旁也不乏許多及時行樂的朋友，偶爾我也會很羨慕他們，但我真的做不到，就像鳥與魚互相渴望彼此的生活，卻誰也

無法在對方的環境中存活。但我並不覺得自己的生活方式很痛苦,有時羨慕僅僅是因為自己做不到罷了。因為要叫我花錢,我反而常常不知道錢要花去哪邊,最後又只能洄游到我的戶頭中。

但我透過這些理念生活了那麼久,從來都沒有因為存錢而感到痛苦,反而都是雀躍而欣喜的。或許我現在還沒辦法真切地描繪理想生活的模樣,但我相信存下來的這些積蓄,會帶我走向更遙遠的地方。

適合理財新手的 631 法則

如果想要達成未來的理想生活,就要開始檢視自己「儲蓄及支出的比例分配」。

其實透過上一篇的「個人財務試算表」,就能更了解自己每個月的收入及支出到底有沒有透支。而在個人財務試算表上,我也有把各筆規劃的比例詳盡列出來,這個比例也可以依照你的薪水去做變換。

如果你是理財新手,我會建議你優先使用 631 法則去做分配。簡單來說,631 法則就是:生活開銷 60%,這包含所有消費,舉凡是生活中要花到的錢,都包含在這 60% 裡。

接下來,要規劃 30% 的儲蓄,如果儲蓄已經達到一定金額之後,你就可以從這個比例再去做細分。可能是 15% 用於儲蓄,另外的 15% 再拿去投資。

最後的 10% 則是風險規劃，而風險規劃主要用於買保險。因為如果你生病或發生意外，有時候要花的錢可能會比存款還要來得多，所以我會建議你每個月可以提撥 10% 來購買保險。

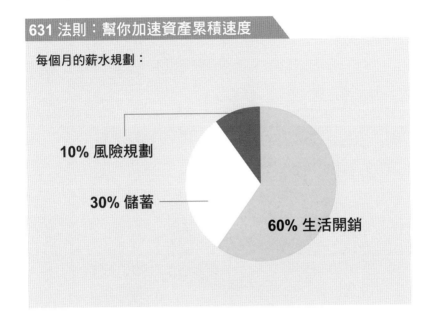

631 法則：幫你加速資產累積速度

每個月的薪水規劃：

10% 風險規劃
30% 儲蓄
60% 生活開銷

但如果你才剛出社會，只有 60% 的消費比例對你來說已經有一點點吃緊的話，其實 10% 的風險規劃可以後續再做規劃。你可以先把 10% 分配到生活開銷，或是分配到儲蓄裡面，也有可能調整成生活開銷 65%，儲蓄 35%。

但是有一個重點要提醒，你的儲蓄比例千萬不要小於 30%，不然存錢速度就會變得非常緩慢，而且可能會很難存到錢。利用

比例分配原則最好的原因就是，如果你薪水上漲了之後，每個月的儲蓄金額也會因薪水上升而跟著調高，你就不用再為該存多少不知所措，這個方式會提供給你一個準則。

可按自身狀況調整理財比例：631 → 433

現階段的我已經從631法則晉升到了433法則：40%是投資，30%是儲蓄，接下來的30%才是生活開銷。

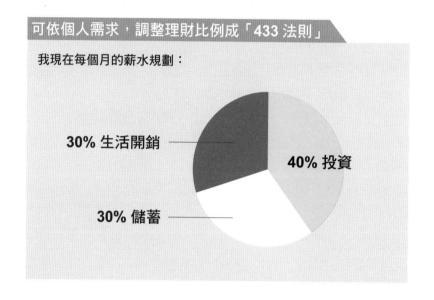

可依個人需求，調整理財比例成「433法則」

我現在每個月的薪水規劃：

40% 投資

30% 儲蓄

30% 生活開銷

在我接觸理財一段時間之後，除了物欲下降之外，每個月開銷其實並沒有用到60%那麼多，每個月30%的生活開銷對我來說算是非常足夠，甚至有時候還會有剩餘的錢，讓我繼續留到下

個月使用。

　　至於在儲蓄的部分，因為我已經存到第一桶金，也將大多數的高活儲數位帳戶都存滿了。這時候我對於存錢就不需要再放太多的比例，取而代之的是開始將收入的 40% 放在投資上。

　　但是有一點想要提醒大家，投資一定要利用閒錢，千萬不要因為一場虧損，而賠上你的整個人生，這樣反而本末倒置。你們也可以依照每個人生階段的不同需求，來規劃自己儲蓄及支出的比例。

理財小學堂

賺多 ≠ 有錢

大多時候，因為我們沒先將薪水做妥善地分配，因此常常會聽到月薪很高的人卻沒有存款的事情。

這時，利用比例原則來分配自己的薪資就是一件很重要的事情。比例原則適用於各種不同的收入，不管你是高收入或是不穩定的收入，透過這些方式都可以讓你穩健地累積財富。

勛語錄

投資有賺有賠，但不要妄想投資一定就會賺錢。
千萬不要因為一場虧損，而賠上整個人生！

LESSON
04

理財，從設定目標開始

　　「不要跟我談夢想，我的夢想就是不工作。」網路流行的這句話一直在我腦海中迴盪。

　　我出社會的第一份工作是擔任廣告拍攝的執行製片，生活總日夜顛倒甚至沒有時間休息，而且手機無時無刻都會出現訊息，或是接不完的電話。每次我向客戶鞠躬道歉或卑躬屈膝時，都感到很痛苦，並且不斷地自問：「這就是我想要的生活嗎？」我無法想像自己要在這種工作模式下長達數十年，在工作的每一天，都感到不斷地失去自我，卻又無可奈何。

　　當時我能做的事情很有限，我只能「存錢」，它就像是大海中的浮木，我不斷地在深不見底並且未知的未來中尋找棲地，而金錢就是我的小船，必須讓船變得越大，才有辦法帶領我去體

驗另外一種生活。

　　我像是快要溺水的人一般，用力地掙扎，奮力地儲蓄，直到我終於拼成了一艘小舟，用雙手向前滑，為的就是尋找屬於自己的烏托邦。

　　「存錢」或許無法一時之間改善你的生活，但相信我，時間一長，它可以帶領你體悟到不同的人生。

階梯式目標法，逐步累積理財興趣

　　做任何事，我認為有一個目標，是一件非常非常重要的事。因為如果你沒有擬定一個目標，反而覺得存多少就是多少的話，存錢的效益會被大大地打折。如果你已經訂下一個目標，並訂定了要完成的時間，會讓你更有動力去存錢，甚至是想盡辦法去賺更多的錢。但是我相信很多人就算今天訂定了目標，還是沒有辦法執行，甚至是沒有動力去完成。

　　我會建議你可以先從「小目標」開始實施，並且透過完成這些目標之後，來累積對於存錢的成就感，以及對於存錢的興趣。你可以先設定存錢的金額，無論是為了買筆電、或是買一台相機。漸漸的，可以把目標放大，可能買一台機車、甚至到買一台車，到最後甚至是買一棟房子。可以藉由慢慢地放大目標，讓自己更有動力去達成每件事。

　　如果你一開始就決定要買一棟房子，但是你薪水只有三萬

元，反而會覺得很無力，因為你可能會深深地感受到自己就算努力一輩子也買不起房子。

但是，如果你今天將目標縮小成去買一台電腦的話，以每個月三萬元的薪水，可能存半年，就可以買到想要的電腦了。所以，你可以藉由這種階梯式的目標法，讓自己朝著目標一步一步地往上爬。你也可以透過這種方式，來累積自己對於存錢的興趣，以及成就感。甚至可以在存錢途中，找到其他可以額外賺錢的方法也不一定。

如果你是一個物欲比較低的人，我會建議你直接把想要的存款數字明確地訂出來，並且規定自己要在幾年內存到。

像我在大學時，就規定自己要在大一下學期存到七萬塊，在大二時我就設定目標，在畢業之前存到二十萬。因為我已設定實際的數字，以及達成的年限之後，就會更努力地去完成它，甚至我會想盡一切辦法達到這個目標。我相信如果你已經有一個重大目標，你一定會想盡辦法去完成它，甚至會找其他方法去賺錢，而且你也會在這個過程中理解到錢的重要性。

設下存錢的短期、長期目標

針對本書，我也有設計兩個有助你分階段達成理財目標的小表格。第一個是「存錢夢想目標」（請見 37 頁），可分成「短期目標」、「長期目標」。

存錢夢想目標

	存款金額	幾年內完成	每月需存多少錢	631 法則 每月需賺多少錢
短期目標	300,000	1	25,000	83,334
長期目標	2,000,000	5	33,334	111,114

　　如果我設定想要存到三十萬，並且在一年裡面完成，填好「存款金額」和「幾年內完成」這兩格後，表格就會自動幫你計算，每個月需要存到多少錢。

　　如果是利用 631 法則儲蓄的話，這個表格的最右欄也會順便幫你算出每個月需要賺到多少錢。算出這些數字後，你可能會覺得很可怕。但是也可以縮小目標或拉長年限，確保每個月都可以存到相對應的錢。

　　表格中，除了設定「短期目標」，也可以設定「長期目標」，或是更多其他的存錢目標。

　　接下來，下一個表格是「我與夢想的距離」（請見 38 頁）。你可以先在「每月存錢金額」設定每個月可以存多少錢，以及在「我的夢想」填入你的短期目標想存多少錢，最後一欄就會出現「你要存多少年，才有辦法達到目標」的年數。

我與夢想的距離

	每月存錢金額	我的夢想	總共需要存幾年
短期目標	9,000	300,000	3

　　這個表格相對來說比較直覺一點，但是透過這個表格可以打醒你的白日夢，督促自己要更努力的賺錢，甚至是想辦法賺錢，讓自己可以存到更多的錢。

理財小學堂

下載「存錢夢想目標」與「我與夢想的距離」試算表

載點 https://reurl.cc/MZk2eW

【註】請用電腦開啟，方便個人使用與記錄。由於各行動裝置開
　　　啟試算表軟體有所差異，可能無法正常顯示。

勵語錄

存錢不是做夢，幻想人人都會，
但光說不做不會成功，身體力行才會。

Chapter 2

擺脫月光族，存下人生第一個100萬

存錢的過程中，我體悟到的不僅是錢變多，更多的是生活經驗的積累，原來花錢其實也是一種學習。

存錢過程中，
價值觀會開始轉變

「小氣跟節儉有什麼差別？」常常很多人問我這個問題。

「小氣」是雙向的，是指你在跟朋友相處時的行為，是否過度地捍衛自己的金錢，過分地斤斤計較自己的支出，如果連一元的購物袋你也會想跟對方均分，這就是小氣，因為對錢的執著而喪失了人際間交流的溫度。

「節儉」則是單向的，我們常常會說一個人的行為很節儉，是指他對自己消費行為上的約束，但倘若將這些行為轉移到人際交流層面，就會有極大的可能被冠上「小氣」的帽子。

所以每當我被問到這個問題時，都開玩笑地說：「我是節儉，

不是小氣。」

存錢的目的，除了積累財富之外，也可以幫助你更快去判斷一個商品的價值。

不論年收多少，人都會為錢煩惱。

以前我總覺得百萬富翁是一個有錢的象徵。但隨著年紀的增長，才發現一百萬不過是一個起點。等真的存到所謂的第一桶金，就會發現，自己的目標猶如滔滔大浪，而自己只是個剛學會站立的衝浪手，縱使跌跌撞撞不斷地跌入海中，卻還是妄想著有一天可以征服這片海。儘管暗潮洶湧，也希望自己可以無懼地越過大浪，並且悠然自得。

我認為存錢就像是一場遊戲。在不熟悉遊戲規則的時候，總是仔細地摸索各種方法，但等到自己熟悉後，便發覺很多的動作都變成了反射動作。

在消費的時候，你會自然地計算折扣；或者會思考這個月又存下了薪資的百分之幾；到了記帳的時候，就像在做最後的遊戲統計，告訴你這個月自己的表現。

我喜歡記帳，但是是一個月一次。因為每當我看到自己的淨資產增加時，嘴角便會緩緩地上揚，覺得這個月的自己又比上個月更富有了，不管是物質上抑或是心靈上。

因為資產的增加，讓我覺得自己不是一無是處。雖然這樣感覺起來我存錢的目的極為膚淺，但我一直都認為找到一個動力讓自己去儲蓄是一件極其重要的事情。這個念頭不管是正向的甚至是帶點情緒化，只要它能夠驅使你，就是一個好的動力。存錢不是壞事，反而在儲蓄的時候你會更明白「錢」的重要性。

　　在大學存錢時，我只是希望讓自己不要再成為父母的負擔，但隨著年紀的增長，存錢反而變成自己人生中的一種責任。

　　從高中選志願的時候我就發誓，我這輩子絕對不要進公司當上班族，也很幸運地，我現在的生活完全實現了高中時胡言亂語、憑空想像的未來，從畢業到現在都是從事自由業。

　　簡單而言，自由業就是靠自己接案子的工作型態，雖然自由，收入卻也不穩定。案件多的時候月入十萬，而情況不好的時候則是連基本工資都不到，也是因為這樣的不安定，我就必須在這起伏不定的薪資當中尋求最安穩的生活方式。

　　以前在買東西時，我往往只會貪圖「價錢」，現在更看重的則是「價值」。

　　過往的我總以為購買便宜的商品就是在省錢，卻在不斷消耗著自己的錢包。也因為覺得自己撿到便宜而不受控地胡亂消費，到頭來卻發現一切不過是種自我催眠的幻覺，其實我只是在幫商

人賺錢罷了。

　　我認為，購買一樣 50 元的工具若只能使用一次，不如添購 200 元的工具可以使用數十次；追求便宜但不斷推陳出新的快時尚，不如認清自我風格、尋找適合自己並且經典不敗的穿搭。

　　在存錢的過程中，我體悟到的不僅僅是錢變多，更多的是生活經驗的積累，了解到原來花錢其實也是一種學習。

分帳戶存錢法，
加快存錢速度

　　我擁有第一個帳戶的時候，只會很努力地存錢。這種無懼並且蠻幹的存錢方法，也與我年輕氣盛的青春相互牴觸，偶爾會因為存錢的念頭太過強烈而磨耗自我。

　　因為當初的我什麼都不懂，只知道吃東西最花錢，所以不斷地在餐費上節省，每次的用餐任務都是尋找最便宜的一餐。

　　接著，因為打工需要有薪轉戶，不知不覺中我的戶頭也越開越多，當時的我找到了「分帳戶存錢法」，藉此可以精密且自律地控制自己各個帳戶的金額。

　　每當我看到打工的薪水入帳，便興高采烈地到銀行將生活費提領出來，存到中國信託的帳戶裡面，因為 7-11 裡都是中信

的 ATM，以後就算我要領錢也不需要走 5 分鐘只為了省那 5 元的手續費。

當時的我因為自己有了一套新的存錢系統而感到欣喜，覺得自己又往存錢的目標更接近了一步，或許我可能在其他的才能上比不過別人，但是對於金錢的執著，我是不會輸的。

分帳戶存錢法，絕對要有的三個帳戶

這一篇要分享的是我用過非常推崇、非常實用的一個存錢方法叫「分帳戶存錢法」。

如果你有在研究存錢的方法，應該有聽過所謂的「六罐子存錢法」或「信封存錢法」（請見 50 頁），分帳戶存錢法其實跟這些方法的概念有點類似。

但與此不同的是，不須接觸到實體的存款，而是把這些錢放在銀行裡，就可以透過不一樣的銀行優惠或功能，達到存錢最大的效益。

至於常說的「分帳戶」，到底要分幾個帳戶才好呢？

如果你今天是一個理財新手，我會建議你將每月收入分成三個帳戶。首先，第一個是「消費帳戶」，第二個是「儲蓄帳戶」，第三個是「緊急備用金帳戶」。

分帳戶理財法

將每月收入分成三個帳戶：

| 1 消費帳戶 | 2 儲蓄帳戶 | 3 緊急備用金帳戶 |

緊急備用金的定義到底是什麼？

如果你今天不工作，這筆錢也可以應付未來的生活。通常我會建議存放 3 ～ 6 個月的資金進這個帳戶，但如果你是一個剛出社會的小資族，我會建議你直接存 10 萬塊進去，等你把緊急備用金存滿之後，再來考慮投資。

如果你已經工作一段時間，金流相對比較穩定一點，我會建議你可以直接存入 6 個月的生活費。很簡單，你將每月薪資乘以 6 之後，得到的數字就是緊急備用金的金額。當然，如果你已經結婚、生小孩，或是你還有貸款要繳的話，緊急備用金的金額就必須要提高。

因為貸款或小朋友的學費，不會因為事發突然就不收錢，所以緊急備用金的帳戶非常重要。但要記得，這帳戶裡的錢只能進、不能出，除非你遇到什麼緊急危難的狀況。這指的不是你需要買車、買房的時候，而是如果遇到無薪假、車禍或訴訟，甚至是家裡發生什麼重大變故，這筆錢就可以拿來急用。

緊急備用金應該存多少？

緊急備用金的簡單算法：

緊急備用金 ＝ 每月生活必須支出（生活費、伙食費、租金、水電費、電話費等） × 6個月

怎麼選擇適合的帳戶銀行？

至於這三個銀行帳戶該怎麼選擇？

首先，第一個「消費帳戶」，我會建議你可以選擇跨行提領或跨行轉帳次數比較多的銀行，不管是數位銀行或是實體銀行。像我就選擇中國信託當作消費帳戶，因為它的 ATM 數量比較多。所以如果想要領錢，就不用再被收跨行領錢的手續費了。

現在很多數位銀行都有提供比較多次數的跨行轉帳或跨行提款免手續費的優惠。如果你的薪轉帳戶也有提供這樣的優惠，其實把它拿來當作消費帳戶，也是一個不錯的選擇。

接下來是「儲蓄帳戶」，我會比較推薦數位銀行。因為現在數位銀行很多都是 1% 以上的高活儲。相較於現在一般的實體銀行，數位銀行的高活儲利率是一個不錯的選擇。而且將錢放在活儲帳戶中，相對來說資金流動也會比較靈活一些。

因為它不像放在定存，定存有時間的限制，所以到期前不能輕易解約，如果提前解約，利息也將被打折，而數位銀行則都

是活儲，可以隨時提領也不會影響到利息。但是數位銀行有個缺點，就是高活儲都有公告活存優惠期間。如果公告時間一到，可能會調降優惠。

接下來，第三個帳戶就是「緊急備用金」。可把緊急備用金放在銀行，不管要放活存或定存都可以。但是有個重點，緊急備用金是不能拿來投資或用於儲蓄險。存放緊急備用金的地方，必須是能在 48 個小時裡拿到現金，才符合緊急備用金的原則。

分帳戶存錢法 +631 原則，把存錢效益放到最大！

使用「分帳戶存錢法」的同時，我會建議你搭配使用「631法則」，存錢效益也會比較大。60% 放在消費帳戶、30% 放在儲蓄帳戶，而剩下 10% 的風險規劃，可以把它放在消費帳戶裡拿來支付你的保險費。

如果你是在理財初期，可能消費帳戶偶爾會有一點點透支，這都是很正常的，可以搭配記帳的方法，來審視一下自己有哪些是不必要的開銷。接著，如果熟悉了每個月的例行開銷，而且消費帳戶也都沒有透支，這時就可以不用再記帳。因為這個消費帳戶，等於是自動在幫你記帳，如果沒有把這筆錢花完、甚至還有剩，就代表你已經開始掌握自己的消費模式了。你可以把時間省下來，拿來做其他能多多充實自己的事。

如果緊急備用金帳戶已經存滿了，而且儲蓄帳戶裡也有一定

的資本之後，你就可以額外再開一個帳戶給投資專用。前面我也有提醒過，如果你要投資，千萬不要把儲蓄帳戶都當作是投資的資金。因為投資有賺有賠，如果虧損的話，就很容易會賠上你的人生。

　　如果你另有其他的目標或需求，其實也可加開其他帳戶，自己去調配比例。只要掌握好分帳戶存錢法，相信我，你的存錢速度會快上許多，再依照自己的生活型態調整，透過此種方法可以讓你更有效地達到儲蓄目標，也會想辦法精進自己。

流行的分帳戶存錢法

在此再介紹兩種類似於分帳戶原理的常見存錢法:

【信封存錢法】

先將幾個信封袋上分別標明每月都會遇到的預定開銷類別及金額,例如:「儲蓄 3,000 元」、「房租 9,000 元」、「餐費 6,000 元」、「交通 1,000 元」、「水電 1,000 元」、「娛樂 3,000 元」……等,信封上的分類和金額比例可以自己訂定。

每個月一領到薪水後,將薪水依信封上的預算,分門別類地放進各個信封袋。當你需要花費時,就從信封中抽取,這樣當信封中的錢越變越薄,會比較有危機意識,因此更能掌握自己的開銷情況,並且從一開始就能達成自己的每月存款目標。

以收入 23,000 元舉例如下:

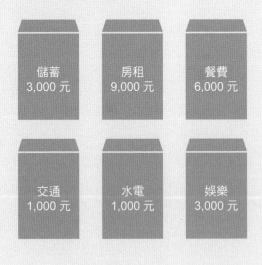

【六罐子存錢法】

每當你取得收入時，可依比例將這筆錢分到六種帳戶中：

1. 財富自由帳戶（10％）：為了早日財富自由，這帳戶的錢只能用於投資；若產生股利、手續費等收入或費用，也是從此帳戶扣除。
2. 教育帳戶（10％）：這帳戶的錢可讓你用於學習，例如購買書籍或進修課程。
3. 生活必需帳戶（55％）：這帳戶的錢可用來支付你生活中的帳單。例如電話費、電費、飲食等。
4. 玩樂帳戶（10％）：這帳戶中的錢可讓你每月用來犒賞自己。
5. 長期儲蓄帳戶（10％）：這帳戶的錢可讓你用於買房、存子女教育金或預留緊急備用金。
6. 贈與帳戶（5％）：這帳戶的錢你可用於捐款，幫助別人。

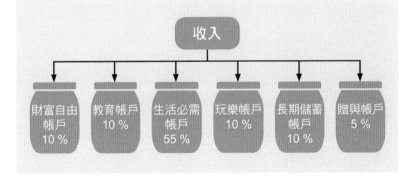

勛語錄

存錢就像是場遊戲，剛開始雖然複雜，
但只要搞懂規則找到適合自己的方式，
每個人都有機會享有豐厚的成果。

小心「越存越少」的
致命存錢法

　　我的朋友曾經因為想要強迫讓自己儲蓄，而買了儲蓄險。投資儲蓄險並非不好，而是他的保單每月所需要繳納的保費已經遠遠超越他生活所能負擔的金額，因此來向我求救。

　　明明存錢是為了讓自己生活有更好的選擇，到最後卻變成一種現實上的壓迫，這種日子是很可怕的。選擇了不適合自己的儲蓄方式，猶如服用過度劑量的藥，可能有效但卻致命。

　　我不想讓朋友因此失去生活品質，又不願讓他提前解約，在一番訓誡後，才將錢匯給他。在此同時我也告訴他：這筆錢你不用急著還，等你儲蓄險的合約到期了再還我也可以，但我希望你可以明白我告訴你的觀念。

這筆借出去的錢就像緊箍咒般，套在彼此的心頭。我不是認為儲蓄險不好，而是不適合他，存錢就跟戀愛有著異曲同工之妙，如果個性相符則可以相輔相成，倘若彼此稜角過多，只會讓雙方受傷徒增遺憾。理財方式千百種，找到合適自己的比找到條件好的更為重要。

　　很多人在開始意會到自己需要存錢之後，就會用盡各種方法將錢省下來、存下來。但是在存錢的方法當中，有很多是蠻致命的存錢方法，用了這些方法可能會導致你越存越窮，甚至影響到生活品質，因此這篇想要和你分享這些反而會增加財務風險的存錢方法。

致命的存錢方法 1：保費過高的「儲蓄險」

　　我相信很多人想要存儲蓄險的原因，不外乎就是想要強迫自己存錢。

　　我認為儲蓄險不見得適合每一個人，但是每一種方式都有好與壞，如果你審慎評估過後，覺得儲蓄險是最適合你的儲蓄方式，其實也未嘗不可。

　　但是儲蓄險有一個缺點，就是它需要綁約，而且它的期限通常都比較長一點，最短都是六年起跳，最長有可能到二十年不等。這時就要去思考，你有辦法一直都把錢放在儲蓄險裡嗎？

　　因為儲蓄險有一個致命缺點，如果在到期之前就解約，本

金是會被打折的。也就是說，如果在到期之前解約，就無法拿回全部的錢。如果你是簽訂六年的儲蓄險，在第五年因為急需要用錢而提早解約，領回的本金會損失 8% ～ 10% 不等，如此一來不僅無法達到儲蓄的目的，甚至還會有所虧損。而且越早解約，你損失的金額也會越大。

所以我建議，如果你真的要保儲蓄險，要確保這筆資金能夠被鎖六年，都不會移出使用，再去保它。不然提前解約，就是額外的一筆虧損。

也有很多人因為想要努力存錢，而保了過高的儲蓄險，被每一年或每個月需要負擔的費用壓得喘不過氣，這樣就有點本末倒置了。

在投保儲蓄險的時候，要記得思考每年或每個月繳的保費，會不會影響到生活品質。更重要的是，千萬不要把儲蓄險的金額當作真正儲蓄的錢。

除非今天期約已滿，不然在列入個人資產時，都要把儲蓄險中的金額打個折，才算你現在真正擁有的資產。

你可以將當初簽訂的合約拿出來看，依照不同的年分打折。像前面舉過的案例，若是保約已到第 5 年，建議將總資金打 9 折後再算入資產中。

我也會建議，如果你真的想要存錢，但是你把錢放在活存都會花掉，另外一個方法是，你可以透過定儲的零存整付，每個

月定期定額從薪資戶中扣錢轉到定期儲蓄存款帳戶，等到期滿之後，可以連同利息再一起領出來。

選擇定儲的另外一個好處就是，你今天就算要提前解約，它只會影響到利息的多寡，而不會傷害到本金，所以我認為定儲是一個替代儲蓄險比較好的方式。

各種存錢方式的優缺點

	定期存款	定期儲蓄存款	儲蓄險
利率	利率較低	利率較高	存放時間越長，利率越高。
優點	綁定時間較多選擇，最短 1 個月，最長 3 年。	綁定時間較固定，按年計算，最短 1 年，最長 3 年。	強迫儲蓄。
缺點	資金存入後，在約定時間內無法靈活運用。		
解約影響	提早解約，利息會被打折，但不影響本金。		如果提早解約，不但沒有利息，本金也會依照解約時間的不同而被打折。

致命的存錢方法 2：把所有投資當作儲蓄

第二個比較危險的存錢方法，就是把所有投資當作是自己的儲蓄。

我相信大家一定都有聽過一句話：「投資有賺有賠」，如果把所有儲蓄都拿去投資，其實風險是非常大的。如果虧損的話，這一筆錢有可能再也拿不回來也說不定。所以這也是我一再倡導的觀念，投資一定要利用閒錢，千萬不要把所有的儲蓄都拿去投資，這樣的風險過於龐大，如同賭博一般。

　　投資是為了讓財富更快的累積，可是如果你把存款都丟進去投資，這樣不僅會讓你睡不好、整天提心吊膽，不如把錢都存下來，拿一部分的錢去投資，或許生活會輕鬆許多。

　　所以我要提醒大家，在要投保儲蓄險或投資之前，記得先確定一下，這筆錢花下去會不會影響到生活。如果這個決定會衝擊到你的生活品質，這一筆錢就先暫緩，先不要急著去保儲蓄險，或是先不要急著去投資，累積一定的資本之後，再進行下一步，對你來說比較好。

保儲蓄險與投資的比例上限

任何的儲蓄都要有個比例上限，如果使用 631 法則，儲蓄為 30%，但這 30% 是在活儲的前提之下。如果你有保儲蓄險與投資比例大約只能算是這 30% 中的 5% ～ 10%，但是儲蓄險與投資都不能算是你真正存的錢，這點一定要切記。

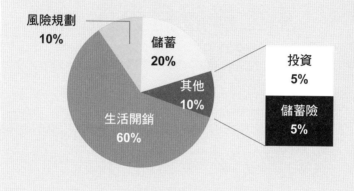

風險規劃 10%
儲蓄 20%
其他 10%
生活開銷 60%
投資 5%
儲蓄險 5%

勛語錄

我們都想要有完美的「生活」，
但若是選錯儲蓄方式，我們可能只能拼命的「求生存」。

LESSON

07

5 種實用存錢法，
馬上擺脫月光族

這一篇要分享的是 5 個存錢的方法。存錢的方法千百種，沒有絕對的好或絕對的壞，如蜜糖毒藥理論一般，適合他人的蜜糖，用在身上卻猶如毒藥一般，所以你一定要嘗試過才能理解這些方法是否適合自己。雖然找尋合適自己的理財方式需要時間，但只要找到了便會事半功倍。

實用存錢方法❶：50 元存錢法

50 元存錢法是指你每天回家後，可以把錢包或口袋的「50元」全部存起來。

這個存錢法我自己已實施過一段時間了，它的特點是「無

痛」，也因為沒有壓力，所以存錢的速度也會隨之提升，並且每次出門時都會更想要拿到 50 元回家，反而會像一場遊戲一般，培養你對於存錢的興趣。

建議你可以先透過小的存錢桶，將它存滿之後，再繼續挑戰更大的存錢筒。利用「50 元存錢法」，能夠增加你對於存錢的成就感，這個方法我想推薦給一直想要存錢，卻又沒有動力存錢的理財新手。

但有一點要提醒的，因為台灣的 50 元偽幣比較多一點，若你想要執行此存錢法，在拿到 50 元時記得檢查一下真偽。最簡單的辨識方式就是你轉動 50 元硬幣，看看背面中間的隱藏字體是否有同時顯示出「五十」與「50」兩種字樣。

實用存錢方法❷：52 週存錢法

52 週存錢法非常好執行，簡單來說就是一週只要存一次錢（請見 60 頁）。

你可以先從第一週存 10 元，第二週存 20 元，接下來每一週都遞增 10 元的存錢金額，如此一年可以存下 13,780 元。雖然存款的金額看起來很少，但施行這存錢法最重要的目的即是「增加存錢的興趣」，透過遊戲般的體驗讓你感受到，原來存錢並非一件難事。

52 週存錢法

週	日期	存入	帳戶累計	完成	週	日期	存入	帳戶累計	完成
1	1/1	10 元	10 元	✓	27	/	270 元	3,780 元	
2	1/8	20 元	30 元	✓	28	/	280 元	4,060 元	
3	1/15	30 元	60 元	✓	29	/	290 元	4,350 元	
4	1/22	40 元	100 元	✓	30	/	300 元	4,650 元	
5	1/29	50 元	150 元	✓	31	/	310 元	4,960 元	
6	/	60 元	210 元		32	/	320 元	5,280 元	
7	/	70 元	280 元		33	/	330 元	5,610 元	
8	/	80 元	360 元		34	/	340 元	5,950 元	
9	/	90 元	450 元		35	/	350 元	6,300 元	
10	/	100 元	550 元		36	/	360 元	6,660 元	
11	/	110 元	660 元		37	/	370 元	7,030 元	
12	/	120 元	780 元		38	/	380 元	7,410 元	
13	/	130 元	910 元		39	/	390 元	7,800 元	
14	/	140 元	1,050 元		40	/	400 元	8,200 元	
15	/	150 元	1,200 元		41	/	410 元	8,610 元	
16	/	160 元	1,360 元		42	/	420 元	9,030 元	
17	/	170 元	1,530 元		43	/	430 元	9,460 元	
18	/	180 元	1,710 元		44	/	440 元	9,900 元	
19	/	190 元	1,900 元		45	/	450 元	10,350 元	
20	/	200 元	2,100 元		46	/	460 元	10,810 元	
21	/	210 元	2,310 元		47	/	470 元	11,280 元	
22	/	220 元	2,530 元		48	/	480 元	11,760 元	
23	/	230 元	2,760 元		49	/	490 元	12,250 元	
24	/	240 元	3,000 元		50	/	500 元	12,750 元	
25	/	250 元	3,250 元		51	/	510 元	13,260 元	
26	/	260 元	3,510 元		52	/	520 元	13,780 元	

如果你覺得以每週遞增 10 元的規律所存下的總額對你來說有點太少，你可以再增加挑戰難度，變成每週遞增 20 ～ 30 元，甚至也可以遞增到 100 元。如果你擔心要每週存錢自己會忘記，現在非常多 App 都可以協助你用這種方式存錢。

　　你可以把這筆存下的錢當作旅遊或是購物基金，等到你完成 52 週存錢挑戰之後，就可以利用這筆錢好好犒賞自己，或是將這筆錢拿去投資，都是一個不錯的選擇！

實用存錢方法 ❸：365 存錢法

　　365 存錢法（請見 62 頁）跟 52 週存錢法有異曲同工之妙，但不同之處在於，它需要「每天」存錢。它的遊戲規則為第一天存 1 元，第二天存 2 元，以每天往上遞增 1 元的方式存錢。我相信很多人都會覺得每天除了要存錢之外，還要計算要存多少錢，會感到疲憊且認為這方式不符合人性。

　　我建議你可以製作一個從數字 1 到 365 的表格，並將它列印下來，每天都可以挑一個數字存錢，存了之後就把它劃掉，目標就是要把這張紙上的數字通通都劃掉，變成一個滿格的 Bingo。只要利用這種遊戲的心態去存錢，也可以增加存錢的樂趣。而且你不要忘了，透過這個存錢方式一年可以存下 66,000 元，這對於一般上班族是一筆不小的金額。如果你的月薪只有 30K，等於在年底的時候又多存了 2 個月的年終。

起始日：＿＿＿＿＿　完成日：＿＿＿＿＿　年度存錢目標：＿＿＿＿＿

1	2	3	4	5	6	7	8	9	10	11	12	13	14	15
16	17	18	19	20	21	22	23	24	25	26	27	28	29	30
31	32	33	34	35	36	37	38	39	40	41	42	43	44	45
46	47	48	49	50	51	52	53	54	55	56	57	58	59	60
61	62	63	64	65	66	67	68	69	70	71	72	73	74	75
76	77	78	79	80	81	82	83	84	85	86	87	88	89	90
91	92	93	94	95	96	97	98	99	100	101	102	103	104	105
106	107	108	109	110	111	112	113	114	115	116	117	118	119	120
121	122	123	124	125	126	127	128	129	130	131	132	133	134	135
136	137	138	139	140	141	142	143	144	145	146	147	148	149	150
151	152	153	154	155	156	157	158	159	160	161	162	163	164	165
166	167	168	169	170	171	172	173	174	175	176	177	178	179	180
181	182	183	184	185	186	187	188	189	190	191	192	193	194	195
196	197	198	199	200	201	202	203	204	205	206	207	208	209	210
211	212	213	214	215	216	217	218	219	220	221	222	223	224	225
226	227	228	229	230	231	232	233	234	235	236	237	238	239	240
241	242	243	244	245	246	247	248	249	250	251	252	253	254	255
256	257	258	259	260	261	262	263	264	265	266	267	268	269	270
271	272	273	274	275	276	277	278	279	280	281	282	283	284	285
286	287	288	289	290	291	292	293	294	295	296	297	298	299	300
301	302	303	304	305	306	307	308	309	310	311	312	313	314	315
316	317	318	319	320	321	322	323	324	325	326	327	328	329	330
331	332	333	334	335	336	337	338	339	340	341	342	343	344	345
346	347	348	349	350	351	352	353	354	355	356	357	358	359	360
361	362	363	364	365										

實用存錢方法❹：零存整付

　　零存整付有點類似定期定額的概念，你可以向銀行或郵局申請零存整付，每個月固定存一筆資金，等到期滿之後連同利息一同領出。這種存錢法的優點是它雖然可強迫自己存錢，但不用擔心錢會被你花掉。你也可以透過設定目標的方式來決定自己每個月的儲蓄金額。假如你一年想要存到 100,000 元，每個月就要存下 8,333 元。這種設定目標方式，透過零存整付就能讓自己更快達成目標。

實用存錢方法❺：週薪管理法

　　「週薪管理法」是指你必須算出自己每個月的開銷到底是多少，並且將它除以 4，計算出每一週的花費之後，每週在固定星期一領出一週的錢，你這一週就只能花這筆領出來的錢。

週薪管理法

Step1	Step2	Step3	Step4	Step5
算出每月的基本生活費。	把每月生活費除以 4，算出每週生活費。	每週一領出 7 天的生活費。	每天檢查皮夾內的剩餘金額，檢核花費情況。	把每週剩餘的錢存起來。

若要實施這個方法，你就不能刷任何信用卡、行動支付或是簽帳金融卡（Debit Card），所有消費都必須以現金支付，才符合週薪管理法的定義。

利用這個方法時，我會建議你，每天都檢查一下錢包，看錢包裡剩下多少錢，並且去反思有沒有哪一天花太多錢，或是買了不該買的東西，透過這個方法也會比較好去控管一切預算，讓你更順利存下錢！

雖然存錢方法千萬種，找到適合自己的存錢方法就像是在人海中尋找對的人一般，雖然嘗試過許多不適合自己的，但如果尋覓到合適的人便可以天長地久。

理財這條路或許有點顛簸，但就像鑽石一樣，若未曾琢磨也無法透出耀眼且璀璨的光。在存錢的當下，你可能總覺得自己的目標遙遙無期，但相信我，並非所有的成就都是一蹴可幾，就是因為有這夢想，你抵達時也會感受到無比的成就感。

剛出社會時，我因為薪資的不穩定而始終找不到適合自己的存錢方法，只能透過暴力的存錢方式，克制自己不花錢，但人性就像彈簧，繃久了就容易因鬆弛而變形，最終才發覺原來「分帳戶存錢法」再搭配「631 法則」才是我的命定儲蓄方式。

我們追求的或許不是大富大貴，而是希望在生活中，除了追求小確幸之外，還可以擁有更多自己選擇的空間。

小資族必備存錢 APP

【 52 週存錢神器 】

你可以自動設定要用 52 週存錢,或是定期定額,還可以在發薪日設定鬧鐘提醒自己。

【 存款規劃 】

幫你算出每個月需要存下多少錢,可以達到財富自由、安心退休。

勵語錄

沒有哪個存錢方法是絕對好,或絕對不好,
只要適合自己的就是好方法!

躲開「讓你花更多」
的消費陷阱

　　以前的我總覺得「便宜」就是王道，所以只看特價的商品，或者購買低價的東西。但等到懂得理財後我才發現，這些東西不見得真的那麼划算。我們常常只看到「特價」二字就被鬼遮眼，連商品原價都忽略，但其實很多時候所謂的特價只便宜了 1 元，有些甚至沒有降低價格，只是想要吸引你的注意而已。

　　因為自己過於貪小便宜，所以反而花了更多錢，這是我以前最容易遇到的事情，但精打細算久了，所有的地雷都踩過後便駕輕就熟，明白自己需要的是什麼，也不會輕易地被價格所蠱惑。因為我對於想買的東西都很熟悉，所以知道它真正低價的時候。像我最喜歡吃全聯的老鷹紅豆銅鑼燒，原價 79 元，時常會特價

69 元，我知道它的最低價是 59 元，縱使我很喜歡吃，但因為對於商品價格太了解了，不到它最低價時我就不出手，不然總覺得自己買虧了。

商家為了想賣東西給你，設計了很多不同的行銷文案，或是行銷手法，而且很多都是利用心理學原理讓你忍不住購買。本篇會分享一些常見的「消費陷阱」，讓你避免衝動購物。

消費陷阱❶：用「每天或每月只要花〇元」壓低原價

第一個常見的消費陷阱是「你只要每天或每月花費多少錢就可以獲得」。

當遇到價格比較高的商品時，商家都會用話術把可使用期間拉得很長，告訴你這個東西可以用三年，換算成一天才多少錢。每件物品的價格若換算成「每天只要花〇元」的話，金額自然會比原價還要低上許多，這時我們就很容易被說服而衝動購物。

所以下次想購買高單價商品時，只要廣告文案出現「每天只要花〇元」，你要記得注意原價，因為這件東西到底可以用多久，誰都說不準。

消費陷阱❷：讓你花更多的「折價券」

第二個常見的消費陷阱是折價券。一拿到折價券，我們很容易買得比當初預期還要來得多，就算沒有任何消費門檻或低消限

制，只要一拿到折價券，就好像獲得免費的一筆錢一樣，會促使你買更多原本不需要的東西。我們很容易被這些受益的喜悅沖昏頭，而忘記自己要付出更多錢，才能換到折扣，所以如果你真的要利用折價券購物時，記得三思並且先做計算。

消費陷阱❸：讓人眼花撩亂的「複雜折扣方式」

第三個是店家很喜歡用複雜的折扣方式，來闡述優惠方案，這時就要提高警覺。

舉例來說，如果到賣場時，看到優惠是全場 20% 會比較吸引你？還是全場購物即享 15%，最終結帳時再享 5% 回饋？我相信應該是後者會比較吸引你，因為它將回饋分段式告訴你，讓人覺得回饋好像非常多，如果不買好像就吃虧了。

通常商場的行銷手法，會把折扣搞得非常複雜，讓你覺得越多折扣文字出現，這個東西就會因多次折扣而越便宜；也因為優惠變得太複雜，有時候我們會忘記去思考或計算原本的價錢應該是多少？享有這些優惠時是否真的更便宜？

舉例來說，這家商品有兩種折價方式，一種是「買一樣八折」，另外一種是「第二件七折」，你認為哪一個比較便宜？答案是：一件八折會比第二件七折便宜。但因為有時沒有好好計算，會覺得七折這個數目好像比較便宜一點，如果你有仔細去計算，就可以少花一些冤枉錢。

消費陷阱❹：打折不一定比較便宜

第四個消費陷阱是打折後的商品不一定真的比較便宜。

除非你對想買的東西原價非常了解，不然很多店家的折扣，都是將原價提升後，再打折賣給你，讓你誤以為買到便宜。如果你對想要購買的東西的價錢不太了解，只要店家寫上「特價」兩個字，就很容易被吸引。所以建議你在購買東西前先比價，現在有非常多 APP 都可以進行比價，功能也很方便。

消費陷阱❺：陳列技巧勾起購物欲

第五個消費陷阱是賣場會將兩個價差特別大，但同性質的商品擺在一起。

在逛賣場時，有時你第一眼看到的可能是比較昂貴的東西，但下一秒就發現旁邊賣的東西相對比較便宜，且性質又差不多，這個時候就算那樣便宜的物件自己不是真的那麼喜歡，為了省錢，而願意花錢購買。所以下次逛街時，要記得克制好自己的慾望，就算東西再便宜，你不喜歡還是浪費！

消費陷阱❻：買超過多少，可免運費

第六個消費陷阱是免運費。

很多人在逛網拍的時候，常為了湊免運而買了自己完全不需要的東西，因為可能差了二、三十元就可以免運。一旦結帳後可

能都是兩、三百元起跳，這時反而就會多花原本不需要花到的冤枉錢，所以免運門檻也是商人的行銷手法。

　　下次逛街的時候，你可以稍微注意一下，有些店家會告訴你這東西兩件多少錢？先仔細看一下，購買一件的原價是多少？有時候兩件價錢加起來，只便宜 1 ～ 5 元而已，並沒有你想像中省下那麼多，但是因為它兩件特價，你就會忍不住想要買兩樣。在購物前要冷靜，謹記再便宜的東西，用不到都是浪費！

勳語錄

再便宜的東西，用不到都是浪費！

「數位理財」懶人包，理財投資不求人

如果你缺乏理財動力，
就找工具或朋友來輔助自己，
一個人可以走得很快，
但是一群人可以走得很遠。

我如何活用信用卡
和行動支付

　　我第一次用自己打工存下的錢買手機，是在 18 歲的時候。當時還不知道使用比價網站的我，跑了好多家電信行，最後用 19,000 元的價格買到了一台全新的 iPhone 5S 空機。即使容量僅僅 16G，我卻甘之如飴，就好像象徵著自己獨立的成年禮。

　　當時我單純只是想要換取一支 iPhone 的手機，卻不知道以後的我會因為手機上的 APP 而省下了許多錢，甚至跟大家分享更多的故事。

　　2015 年，大三的我擁有了第一張信用卡，一張為了讓父親公司做業績而申辦的信用卡，沒有任何回饋方案可言，基本上就

是一張塑膠貨幣，唯一帶給我的是尊榮感。在身旁朋友都還沒有信用卡，或是仍在使用父母的副卡時，我有的卻是一張登記在自己名下的信用卡，雖然額度不高，卻讓虛榮感淹沒了我本該擁有的務實。雖然我從來沒有過度消費，但也讓我體驗到了消費不用付現金的快感。

同一年，街口支付第一次上線，祭出了各種高回饋的優惠，當時的我還不知道原來透過手機就可以結帳甚至是消費，彷彿電影中觀看的那些高科技場景正在不斷地實現，而我就像是上癮一般，用過就無法再回頭。

隨著金融科技不斷地推陳出新，我手上擁有的信用卡與裝載的 APP 也日益增加。雖然數學一直以來都不是我的強項，但遇到信用卡與行動支付，各種排列組合的即時優惠卻如同煙火一般絢爛斑斕，深深地吸引著我。雖然回饋短暫，卻讓我有了不顧一切也要體驗的決心。

我想要的，是在消費的同時除了可以透過各種組合省到錢之外，還可以享有高科技的優越感，所以使用行動支付結帳，一直以來都是我的第一首選。

如果要花一筆錢，與其光付現金無法享受回饋，不如運用更聰明且巧妙的方式，就可以讓我省下 10%，甚至更多。這些數

字遊戲讓我格外著迷，為了可以獲取更多，我就像穿上紅鞋的女孩，不斷地舞動著，在這數字與優惠的舞池中旋轉、跳躍。

　　我手上擁有 30 張的信用卡，絕大部分的卡片都是為了行動支付而申辦的。雖然有些信用卡的申辦門檻較高，或是優惠時間短暫，但我還是會嘗試看看。因為適時使用各種卡片的優惠，對我而言，就如同解謎一般有趣，必須在最短的時間解出最正確的答案。

　　身旁的朋友總是覺得我很誇張，好像我是一台行走的知識庫，任何有關於信用卡與行動支付的問題，只要開口詢問我，就可以獲得解答。每當我看到朋友心滿意足的表情，就感覺到當初自己第一次刷卡得到回饋的那種快感，無法自拔。

　　很多人常會問我，申辦那麼多張卡片，管理不會很麻煩嗎？但我覺得一點也不，我相信每個人多少都有收集的習慣。對現階段的我而言，信用卡便是我的收藏，我將它們整齊地排列收好。我可以有條不紊地唸出申辦的所有卡片，還能告訴你這些卡的回饋，聽起來有些病態，卻是讓我樂此不疲的原因。

　　繳費、消費、購物、網購，各種不同的花費都可以搭配不同的卡片與行動支付，就如同萬花筒般，只要你轉個面就會有更多的花樣出現。如果要細分，繳費又分成了學費或繳稅，甚至還會

因為縣市的不同而能享有不一樣的優惠，能夠征服這些優惠的使用方式都讓我格外感到驕傲與自豪。

　　或許我本來沒什麼自信，但這些微不足道的成就感，卻能為我逐步建立對自己的信心。縱使你平常的表現既不亮眼也不突出，但我相信你一定有別人無法取代的特長，常去嘗試，你就會發現不同的自己。

讓信用卡
成為你的理財助手

　　我相信大家對信用卡應該一點都不陌生,因為現在每個人手上至少都有一張信用卡,甚至是 3 ～ 5 張。因為我手上持有十幾張以上的信用卡,所以更能理解信用卡對於理財或挑選信用卡的重要性。

　　或許很多人會認為有錢人才不會在意這一點回饋,何必斤斤計較這微乎其微的錢。但現實總是殘酷的,因為我們並不富有,所以選擇向現實妥協。

　　我也想要吃飯、購物不看價錢,但縱使工作到暈頭轉向,能換來的不過是存摺上每個月多增加四到五位數的小確幸。所以我才會想,如果同一筆消費我可以省下更多錢,何樂而不為呢?

　　萬丈高樓平地起,財富也是由許多的 1 元堆砌累積而成的。

如果每次消費時我可以省下 10 元，10 次之後我可以省下 100 元，我就可以有一天能夠吃得更好，或是能夠存得更多。

我們生活不是為了別人，而是為了自己，這些或許看似不起眼的回饋，卻是成就理想生活的基石。

申辦信用卡的好處

申辦信用卡是有好處的，首先，它可以增加你的信用分數。倘若你與銀行沒有往來紀錄，你的信用分數便會難以累積，如果以後需要購買車子或是房子，可是跟銀行之間沒有信用往來，他們就很難借錢給你。但你可以透過信用卡準時繳納帳單及刷卡的方式，來慢慢累積你的信用分數。

第二個好處是它的回饋可以讓消費更划算。現在市面上很多信用卡回饋都可憑直覺消費，像有些網購享有 5% 甚至到 10% 不等的現金回饋，這時網購就會比用現金購買來得便宜很多。享有這 5%、10% 的回饋，就等於買東西直接打 95 折或 9 折。

如果你可以靈活運用信用卡回饋，在消費上也可以省下非常多的錢。但是通常高回饋信用卡本身都會有回饋上限，所以在刷卡時也要注意自己的消費金額是否超過回饋的上限。

最後一個好處是它可以延後付款時間，這也是大家喜歡使用信用卡消費的原因。但我還是想要提醒你，刷信用卡等於是在借貸，所以我強烈建議在刷卡的當下，你的戶頭一定要有相對應

的現金才刷卡。千萬不要存著僥倖心態，認為你可以下個月再繳費，等領完薪水之後再付錢，如此一來很容易會形成惡性循環。

如果你無法把卡費繳完或只繳最低，會產生循環利息。這些循環利息是以「天」計算，導致要繳的費用不僅遠超出原本消費金額，還會影響到你的信用分數。並且，循環利息是從你消費之後，店家向銀行請款的「入帳日」開始計算，而不是從你未繳款那天起算，所以你越早消費但最後無力繳清卡費，所累積的循環利息也就越高（請見 79 頁）！

信用卡運用得宜，可以讓手頭上的資金更靈活。但是有一點要提醒大家，千萬要理性消費，不要因為辦了信用卡之後，就開始認為自己身價不凡而大刷特刷。這樣我反而建議你千萬不要申辦信用卡，申辦簽帳金融卡就好，帳戶裡面有多少錢再刷多少錢，以免透支。

了解信用卡回饋：哩程、點數、現金、紅利

我來簡單介紹一下信用卡的回饋方式，分別是哩程、點數、現金，以及紅利回饋。

現在的信用卡種類越來越多，一張信用卡可能同時兼具兩種以上的回饋方式，你可以選擇現金回饋或哩程回饋，有些卡的紅利也可兌換成哩程回饋。以上這幾種回饋要依照你的個性及消費習慣去選擇。

循環利息的計算方式

你在 5/15 刷卡 10,000 元，結帳日是每月 2 號，繳款截止日是 21 號，循環利率為 15%。如果你在繳款截止日 6/21 前，只繳最低應繳金額 1,000 元（當期新增費用的 10%），會產生多少循環利息？

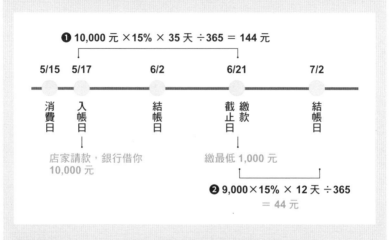

循環利息＝
累積未繳帳款餘額 × 循環利率 × 計息天數 ÷365

循環利息包括兩部分：
❶ 5/17 ～ 6/20，你和銀行借了 10,000 元：
10,000 元 × 15% × 35 天 ÷365 = 144 元
❷只繳最低應繳金額 1,000 元，表示 6/21 ～ 7/2 和銀行借 9,000 元：
9,000 元 × 15% × 12 天 ÷365 = 44 元
循環利息總計：
❶＋❷＝ 144 元＋ 44 元＝ 188 元

➡ 6/21 前只繳「最低應繳金額 1,000 元」，產生循環利息 188 元。

● **哩程回饋：適合常出國的人**

　　如果你是個很常出差，或很常出國旅遊的人，哩程回饋是一個不錯的選擇。不僅在刷卡購物時可累積哩程，而且哩程信用卡的優點是它基本上沒有回饋的上限。倘若你想要使用哩程信用卡，建議集中火力刷一張，這樣才可以達到最大的回饋效益。

● **點數回饋：適合喜歡使用行動支付的人**

　　若你是個很喜歡利用行動支付像 LINE Pay、Pi 拍錢包或街口支付等，就很適合使用點數回饋。現在的點數回饋基本上 1 點等於 1 元，在使用行動支付消費時就可以同步扣款。

● **現金回饋：適合想自由運用的人**

　　如果你很喜歡回饋時直接從帳單扣除，或是希望可以拿到現金自由運用，這時就要選擇現金回饋。有些銀行會直接將現金回饋匯到帳戶中，這筆資金你就能夠自己決定要如何使用。

● **紅利回饋：適合對於銀行有忠誠度的人**

　　至於紅利回饋，就要依照各家銀行所推出的兌換制度，通常都是兌換商品或折抵券，有一些銀行的紅利點數則是可以拿來折抵刷卡金或哩程。建議你在申辦紅利回饋的信用卡時，記得注意這張卡片紅利可兌換的東西是否適合自己，否則回饋的比例再高，換來不適合自己的東西也是徒增浪費。

　　挑選信用卡時，除了搞懂以上的回饋方式之外，重要的是，還要記得注意信用卡回饋的公告日期。信用卡的回饋公告，通常

都是一季或半年。所以在申辦時，你要注意這張信用卡的公告日期是否與申辦的日期太接近。我通常會建議消費者使用公告日期跟申辦日期之間至少差距三個月以上的卡，才不會在拿到信用卡之後，自己實際使用的天數還未滿一個月，而白白損失了回饋。

我強烈不推薦你申辦一個月後公告日期就到期的信用卡，因為你還不確定後面的回饋會調升還是調降。基本上，信用卡回饋很少調升，通常都是調降或持平。

沒有一張卡是真正的神卡！

如果有在關注信用卡的人應該都知道，現在市面上號稱的神卡非常多，可能每隔一兩個月就會有一張新的神卡出現。但我要說的是，沒有哪一張信用卡是真正的神卡！

只要申辦到一張符合你的消費習慣，以及回饋是你喜歡的，就是最適合你的信用卡。若一窩蜂跟隨潮流去申辦神卡，但是它的消費模式或回饋不適合你，這張信用卡對你來說就沒有太大的好處。

所以在申辦信用卡前，要注意幾點：第一點就是它的回饋。第二點就是其他附加優惠，像是有沒有貴賓室或機場接送等優惠。第三點就是它的年費，有些信用卡要達到免年費的消費門檻比較高，甚至有的卡是無法免年費的，所以在申辦信用卡時，這幾點要特別注意一下。

最後我還是要再提醒一次，沒有哪一張信用卡是絕對的神卡，因為現在信用卡的回饋方式及時間都會不斷更新，而且市面上的信用卡競爭也非常激烈，所以在申辦信用卡時，你只要找到一張適合自己的信用卡，就是一張神卡！

理財小學堂

選信用卡，必看回饋！

信用卡回饋的計算方式各家銀行都不盡相同，有些需要累計達到一定的門檻才能兌換，有些則是在特定場合無法享有回饋。在申辦的同時這些注意事項都要記得看清楚。

勛語錄

與其追隨流行申辦信用卡，不如創造屬於自己的流行，不要被卡所駕馭，讓自己去選擇信用卡。

數位銀行隱藏優惠，
讓每分錢發揮最高效益

　　我第一次接觸到數位銀行約莫是在 2016 年的時候，那時我還是個積極在找尋適合自己理財方法的大學生。一開始便被數位銀行所提供的活儲利率及簽帳金融卡的回饋給震懾，想不到我只要動動手指完成開戶後，便能享有這些優惠。

　　這像是打開了我內心的開關，我對於優惠的渴望如同聞到金錢香氣而暴走的猛獸，試圖掙脫牢籠，妄想挖掘更多金銀財寶，縱使滿身銅臭味，卻讓生活多了些不凡的佐料。

　　我開始理解到原來儲蓄比想像中更有學問，一個存錢的動作，會因為存放的銀行不同，進而產生不同的結果。雖然每個月只多了幾十元的利息，但對當時時薪只有 115 元的我而言，卻如

同發現新大陸般，只因為每個月又可以多賺到半小時的薪水而感到雀躍。青春的喜悅真的既單純又容易滿足。

申辦數位銀行的注意事項

若有申辦過信用卡，你會發現許多信用卡是跟數位銀行綁在一起的。你需要申辦指定的數位銀行，回饋才會再往上加碼。現在的數位銀行的利率都比較高，而且申辦方式相對實體銀行來說也更為簡單、方便。只需透過手機或網路，在線上填寫資料後便可以完成申辦。

現在因為洗錢法規定，若要在實體銀行開戶，基本上都需要預留一至兩小時到銀行申辦，才有辦法完成開戶流程。相對來說，申辦數位銀行可以為你節省較多的時間，也不需要實際到銀行開戶。

現在的數位銀行都各有特色，最大的賣點便是「高活儲」的優惠。數位銀行的利率最少都有 1% 以上，不僅利率較高，而且資金運用的靈活度相對於定存或是儲蓄險也高上許多。

但有一點需要注意，這些高活儲數位銀行會有存款範圍的限制，少則 5 萬，多則到 50 萬。所以你將錢存到數位銀行時，需注意該銀行的活儲範圍，才可以讓每一分存進去的錢都發揮到「高活儲」的效益。

數位銀行的優點統整

數位銀行有幾個優點：

1. 申辦便利且省時

因為不用跑去實體銀行，也省下等待開戶的時間。

2. 提供跨轉及跨提的次數優惠

每個月都可在限定次數內，享有免費跨行轉帳或跨行提款，不需因擔心被多收手續費，而在領錢或繳費時感到綁手綁腳。

3. 購買外幣讓分優惠

數位銀行在購買外幣上都會有「讓分」的機制，並且時常推出限時活存或是定存的外幣優惠。

4. 可同時作為證券交割戶

特定的數位銀行交割戶及證券戶，皆可在網上直接申辦，在數位銀行申辦證券交割戶時，也能保留「高活儲」的優惠。

以上幾個是我認為數位銀行享有的優勢及優惠。

省時及較高的存款利率才是最吸引我的因素，因為如果今天要在實體銀行開戶，不僅浪費時間且手續相當繁瑣，而且實體銀行的活儲利率的都非常低，就算想要定存，在台灣的銀行一般定存一年利率也只有 0.84% 而已；相較於現在高活儲的數位銀行最低都是 1% 利率起跳，遜色非常多。

所以我建議你如果手上有一筆資金，選擇高活儲數位銀行會比較好一點。

高活儲數位銀行有一個缺點，就是存款優惠有一定期限。到期之後，銀行會公告調降利率或再調整優惠。如果把錢存在裡面，就要稍微注意一下，可能每隔一陣子就要做好把資金移出去的心理準備。

勳語錄

同一筆錢，
若有利率更高且申辦更簡單的數位銀行可以存放，
何樂而不為呢？

用信用卡綁行動支付，
讓回饋飆高！

　　我出社會第一年時，街口支付剛在台灣推出，提供的回饋極高，每消費 100 元就享有 50 元回饋，用這種近乎 5 折甚至更多折扣的方式來吸引新會員，那也是我第一次使用行動支付。

　　起初使用時因擔心碰壁，在結帳區總用小聲且含糊不清的口吻說：「我要用街口支付。」就好像犯錯而擔心罪行曝光的犯人。但是每當結帳成功拿到回饋時，心中的愉悅便不斷地湧現，就好像自己是世界上最懂得拿回饋的人一樣的驕傲。

　　自此之後，我的消費習慣被徹底顛覆。在走進店家前，我會先將門上與結帳區快速掃視一次，看它是否有貼上合作廠商的行動支付標示。若我沒看到，則會在坐定位後，透過手機再查詢一

次，直到真的確認沒有提供行動支付才肯放棄。

目前，行動支付已經變成我的消費媒介首選，我不需在結帳前慌亂地從錢包中掏出硬幣與紙鈔，也不需思索要用哪張信用卡才能享有最多優惠，我只需秀出行動支付的條碼或掃描店家的 QR Code，便能從容地取得優惠。

現在的信用卡已越發便利，可運用於更多種的消費上，讓自己的回饋達到最高。而行動支付則囊括了更多不同的回饋或應用的繳費方式，讓你透過手機就能輕易綁定信用卡、銀行帳戶或簽帳金融卡，進行消費、繳費、繳稅，甚至轉帳的功能。

以下舉例四個台灣較常用的行動支付，並一一介紹特性。

街口支付

街口支付可以透過綁定信用卡或銀行帳戶進行消費、轉帳或繳費。它可以繳的費用也非常多元，包含水電費、停車費，甚至健保費、稅務都可以繳納，也會因為時間的推移新增或是移除繳費的項目。你可以透過街口支付進行轉帳，這樣子就不用再負擔手續費。

目前街口支付在台灣算是前三大的行動支付，應用通路廣、使用的人數也多，比較特別的是，在夜市也有很多店家可以使用。所以如果你逛夜市也不一定要帶現金，透過街口支付就可以輕鬆消費。

LINE Pay

LINE Pay 可以透過綁定信用卡或金融卡進行消費。在台灣 LINE 是大家最常使用的通訊軟體之一，而 LINE Pay 就是 LINE 出的一款行動支付。LINE Pay 目前在台灣也是屬於前三名的行動支付。它所配合的通路是目前行動支付中最多的一個，表示你可以使用 LINE Pay 付款的店家也比較多。

LINE Pay Money

LINE Pay Money 的使用方式是你綁定銀行帳戶後，必須事先進行儲值，才可以利用這些儲值金進行消費、繳費、轉帳。它可以繳納的費用包含水電費、瓦斯費、停車費、學雜費、健保費、信用卡卡費。有時它還會推出繳費的優惠，在繳納時可以額外享有回饋。

但是有一點想要提醒大家，LINE Pay 及 LINE Pay Money，雖然兩者名字非常相近，但這兩者背後的付款機制完全不一樣。有些活動它只會給 LINE Pay 優惠，而有些活動只會單獨給 LINE Pay Money。所以使用時，兩者的名稱要記得先區分清楚。

Apple Pay

Apple Pay、Google Pay 或 Samsung Pay 基本上都是一樣的行動支付，使用方式為透過綁定信用卡，利用感應的方式消費。

簡單來說，這類的行動支付消費可以把它想像成一張虛擬的信用卡，消費時不需要帶卡片，直接透過手機行動支付的界面在刷卡機上感應即可完成結帳。所以它的消費認列會依照消費地點而有所改變。

　　以上三種行動支付，可以使用的地點也比較多一點，基本上能刷卡的店家都可以使用，就連跨國使用也可以。

四大行動支付簡介評比

行動支付	街口支付	LINE Pay	LINE Pay Money	Apple Pay
使用方式	信用卡 銀行帳戶	信用卡 金融卡	銀行帳戶	NFC 靠卡感應
點數回饋方式	活動店家 銀行帳戶 街口聯名卡	活動店家 指定信用卡	活動店家	視信用卡的回饋而定
繳費功能	停車費 水電費 瓦斯費 有線電視費 稅務 健保費	無	停車費 水電費 瓦斯費 有線電視費 健保費 學雜費 信用卡費	無
信用卡推薦	街口聯名卡，8% 點數回饋。	聯邦賴點卡，國內 2% 點數回饋。海外 3% 點數回饋。	無	匯豐現金回饋卡，10% 現金回饋。

行動支付的使用注意事項

以上這幾個是台灣比較多人在使用的行動支付，基本上只要綁定對的信用卡，就可以享有比較高一點的回饋。像 LINE Pay、街口支付這類需要掃碼消費的行動支付，都可以額外享有比直接刷卡還高的回饋。

舉例來說，如果在家樂福消費，透過 LINE Pay 結帳與直接刷信用卡結帳享有的優惠就會不太相同。透過 LINE Pay 可能可以享有 5%，但是直接刷卡卻僅能享有 1% 的回饋。

但有一點需要注意，每一張信用卡在行動支付的規定上都不盡相同，有些卡可能會只限用於某些行動支付，而有些卡則會排除行動支付的回饋，這是你在選擇綁定信用卡前需要多加注意的地方。

如 LINE Pay Money 這種需要綁定銀行帳戶進行消費或繳費的行動支付，如果想拿到回饋，必須看它有沒有推出活動，不然通常都只是增加便利性而已，不會享有額外回饋。

如何用行動支付享有更多優惠？

消費方式	感應式行動支付	掃碼式行動支付
代表	Apple Pay Google Pay Samsung Pay	LINE Pay 街口支付
支付方式	手機在刷卡機感應支付（NFC）	用手機掃描店家 QR code 後進行支付
交易類型	實體交易	網路交易
回饋福利	按原本信用卡回饋，或看銀行是否額外加碼。	按原本信用卡回饋，或看銀行是否針對數位通路額外加碼。

勛語錄

能使用行動支付就不刷卡，可以刷卡就不付現金，這就是我的省錢之道。

12

理財實用 APP，
幫你記帳、存錢、賺錢、省錢

現在打開我的手機，應用程式如萬花筒般繽紛絢爛。科技不斷更迭後，好像以前做起來很困難的事，因為時間的推移也會變得簡單。

這些年來，我透過手機完成了許多事情，成立了自己的社群帳號、完成一次又一次艱難的人際交流，但不可否認的是，也是因為有了手機，才能夠成就現在的我。

手機陪伴我們的時間太長了，若扣除睡眠、洗澡，每天與我們最親近的莫過於手機了，若有計算相伴的時間排行榜，手機絕對是高居第一，也因為如此，應用程式成了手機軀殼中最關鍵的驅動核心。我們可以透過手機虛度光陰，也可以透過這些程式來

Chapter 3 ___ 「數位理財」懶人包，理財投資不求人 93

完成自己的目標與夢想。

在手機裡我裝載與卸載了無數個記帳的程式。這個階段我覺得順手實用的，到了下一個階段時卻覺得綁手綁腳，但也因為科技的不斷進步，讓我可以在不同時刻找到最合適的 APP。

這一篇我會分享比較實用的生活理財環節，並推薦一些記帳、存錢、省錢，或是賺點數的 APP。這些理財 APP 如雨後春筍般不斷地冒出，它們主打各種不一樣的功能，卻都非常實用。

每個人的生活習慣及個性都不太相同，這幾款 APP 是我已使用過一段時間後才推薦給大家。但是不見得這些 APP 也會適合你，所以僅作參考。如果你最近剛好在尋覓好用的 APP，希望對你有幫助。

首先，分享有關記帳的 APP。

記帳 APP ❶：記帳城市

這個「記帳城市」APP 我相信大家縱使沒有用過，應該也有所耳聞。它的記帳方式有點類似遊戲的概念，你每記一筆帳就會蓋一棟房子，之後就可以打造自己的社區。

從這個記帳 APP 你可以體悟到「在記帳城市每蓋一棟房子，自己就離現實的房子越來越遠」。這個 APP 我認為非常適合想要記帳、卻又苦無動力的新手。因為在記帳時可以增加趣味性，不會感到那麼無聊。

這款 APP 也非常符合我在前面跟大家提到的觀念：若你能將存錢當成「遊戲」，在理財時比較不會感到痛苦或乏味。

記帳 APP ❷：Money Book

「Money Book」也有人稱它為麻布記帳，是可以自動幫你記帳的一款 APP。它會自動連動銀行以及信用卡，幫你計算出每個月的淨資產，我非常推薦給有在使用「分帳戶存錢法」及「631 法則」的人。因為這款 APP 需要連動你的銀行帳戶，若你對於此款 APP 還是有點擔心，建議你可以先暫時不使用，但是官方已經通過 TWCA 的台灣網路認證，基本上不會有太大的問題。而麻布記帳的另外一個優點是，加入社團後可以隨時上去許願自己希望擴增的功能，他們都會納入考量。（註：TWCA 由臺灣證券交易所、臺灣集中保管結算所、財金資訊、關貿網路、網際威信等成立的憑證簽發商，其提供的資料加密技術運用於臺灣金融領域，其中包括證券網路下單憑證、網路銀行憑證、網路保險憑證、電子股務憑證等，保障電子交易安全。）

接下來，我要和大家分享的是存錢 APP。

存錢 APP ❶：52 weeks

「52 weeks」APP 提供了兩種存錢方法：其中一種是「52 週存錢法」，另一種則是「365 存錢法」。它會透過程式運算建

議你每天或每週的遞增存款金額，還會告訴你用這個存錢方法可以存到多少錢。

它會提醒你存錢的時間，以及告訴你要存下多少錢。如果想要嘗試 52 週存錢法或 365 存錢法，卻又常常忘記自己今天存了沒，這個 APP 就是非常好的輔助工具。

存錢 APP ❷：存款規劃

「存款規劃」APP 的操作非常簡單且直覺。可以設定最終想要存錢的目標，以及每個月的投報率期望值，APP 就會自動計算出你每個月應該存下多少錢，才可以安心退休。若對於存錢有點迷惘，透過這款 APP 就可以很簡單地幫你解答。

接下來，我要分享是賺錢的 APP，它們幫你賺錢或賺點數的方式都大同小異。

賺錢 APP ❶：集點福利購

「集點福利購」是每掃描一張電子發票就可以為你累積一點的點數，之後你就可以透過這個點數去兌換商品或折價券。

賺錢 APP ❷：Aifian

「Aifian」這款 APP 一樣是掃描發票，但是比較不一樣的是，它每掃描一張發票可以隨機得到 0.02 元到 100 元不等的現金。

只要累積滿 500 元，就可以匯出來變成真正可使用的錢。

最後，我要分享是省錢的 APP。

省錢 APP ❶：ShopBack

如果你想要購物或點外送、甚至叫車，都可以事先點進「ShopBack」APP，透過它們連結之後付款。除了可以得到信用卡本身的回饋之外，還可以得到 ShopBack 提供的現金回饋。

ShopBack 合作店家也非常多，透過 ShopBack 的導購連結付款，可以額外享有比較高一點的回饋。但有一點需要注意，若想在訂房網站透過 ShopBack 連結，網站的價格與原始價格可能會有一點落差，換算回饋之後的價格不一定會比較好，所以在結帳時要再斟酌一下。

省錢 APP ❷：LINE 購物

「LINE 購物」其實跟 ShopBack 有異曲同工之妙，在你想購買東西或消費之前，透過 LINE 購物連結去結帳，一樣可以享有回饋，不同的是，LINE 購物是回饋 LINE Points。

以上這兩個省錢的 APP 享有的回饋，都是需要時間審核的，它的回饋並非像信用卡一樣即時，通常會需要一個月以上的作業時間。所以如果你要利用這些省錢的管道，要多一點耐心。

理財實用 APP 推薦

用途	記帳	特色
記帳	記帳城市	可將存錢當成遊戲，在理財時比較不會感到痛苦或是乏味。
	Money Book	除了記帳，它會連動銀行以及信用卡，計算出每個月的淨資產。
存錢	52 weeks	提供「52 週存錢法」和「365 存錢法」。它會提醒你存錢的時間，以及告訴你要存下多少錢。
	存款規劃	設定最終存錢目標，以及每月的投報率期望值，會自動算出每月應存多少錢，可安心退休。
賺錢	集點福利購	每掃描一張電子發票可累積一點點數，之後可透過點數去兌換商品或折價券。
	Aifian	每掃描一張發票，可隨機得到 0.02 元到 100 元的現金。
省錢	ShopBack	網路購物、APP 消費時可以額外享有現金回饋。
	LINE 購物	網路購物、APP 消費時可以額外享有回饋 LINE Points。

勛語錄

如果你缺乏理財動力，就找工具或是朋友來輔助自己，一個人可以走得很快，但是一群人可以走得很遠。

Chapter 4

投資之前，你一定要知道的事

如果自己不嘗試，
別人的經驗也無法正確的給你指引，
唯有實際的經歷過一切，
才知道哪一條路最適合自己。

投資，
不是一場賭局

我的投資經歷不長，所以我一直不敢稱自己是投資專家，因為我不想當專家，我只想當你的朋友。

一個真誠分享的朋友，不帶有任何商業利益，或許帶著自己私人的情感，但卻是最真實的。所以好的事情我會分享，當然，壞的亦是。

新聞、網路充斥著太多投資成功的例子，總讓大家以為投資是件簡單又容易獲利的事，用糖衣包裹的毒藥既危險且具有毀滅性。那些成功的案例就如同冰山一角，你看到的僅僅是枝微末節，底下卻承載了無數人的失敗與傷痛。

在投資之前，我認為建構正確的觀念是件很重要的事情。每個人的資本不同、投資的策略不同，所得到的獲益也會相異。每次身旁的朋友問我要怎麼開始投資時，我總是建議他們再開一個獨立的戶頭，透過「專款專戶」的方式進行投資。

　　不管你要買股票、申購基金，這筆錢絕對都不能跟儲蓄的資金重疊，理財最重要的是，要清楚地區分每一筆錢的流向與用途。因為一旦投資與儲蓄帳戶重疊，就很容易會出現東挖西捕的情況，這樣不僅管理起來很麻煩，也會導致自己無法準確地知道現在可運用的資金到底是多少。

　　記得在股市崩盤後的大盤逐漸回升時，當時的我見獵心喜，不停地加碼，但也正是因為「專款專戶」，等到帳戶裡的錢少於一定額度時，我便會冷靜地告訴自己，這筆錢用完就沒有了。

　　常常很多人會因為短暫的甜頭，而妄想將所有存款都投入，為了尋求一次財富自由的機會，但這就像一場賭上人生的賭局，不成功便成仁。相信我，被股海吞噬的人總是比攀上頂端的人還要多出許多。

　　但我們也不必因此害怕投資，投資就如同一條河，它可以加速你的前進，卻也可以吞噬你，只要「小心駛得萬年船」，一步一腳印去經營，其實一切都不如傳言中的危險與可怕。

我從不畏懼分享自己失敗的故事，只有大膽地承認自己的過失，才可以勇往向前，就像是與過往的自己告別一般，我雖然分享理財，但也有失手的時候，沒有人是完美的，也不會有人無時無刻都是成功的。

　　另外，在初學投資的時候，我相信大家一定都渴望買到穩賺不賠的標的，於是輕易地相信網路上各種的明牌。這些明牌並沒有不好，只是在投資之前，請認真地去查詢這家公司的來歷，甚至去看歷史績效。

　　每當我聽到最近哪支股票表現很好時，我總是抱著保留的態度，將這檔基金加入至觀察清單中，並且在研究的時候，多加觀察這檔股票的走勢。

　　雖然很多人可能會認為這樣便錯過了一個進場的大好時機，但我覺得這樣有助於自己的學習與成長。我可能不會買這檔股票，但至少我更了解它了。

　　現在投資的門檻越來越低，隨著科技的進步，各種可賺大錢的消息滿天飛舞，多到你已經無法輕易地去區分哪些是真、哪些是假。

　　一直以來，我都很鼓勵有心學習投資的人先去開戶。我認為唯有實際開了證券戶，才有動力去研究投資；甚至我也認為實際

進場的交易很重要，很多事光懂理論是不夠的，只有實際操作、
親身經歷，你才會理解那些話之中的含意。

　　但不管未來會發生什麼事情，請記得，相信自己。

要存多少錢，才能投資？

我在大四的時候開立了自己的第一個證券戶，當時仍懵懵懂懂的，單純只是因為我認為這樣一直存錢下去不行，便上網查了跟自己手上的銀行帳戶有合作的證券公司，再從中挑選出享有手續費折扣最多的一家。

開戶後又等了 2 年，我才開始進行第一筆交易。在這期間內我就像在汪洋中的小舟，悠然的漂流，偶爾看看鯨魚躍出水面時激起的水花，偶爾戒慎恐懼地望向無法看清的海底。

在這期間我嘗試著充實自我，到圖書館借閱了各種投資書籍，尋找適合自己的投資方式，最終知道了自己還是喜歡把投資當成是生活中的額外獎賞，不過分地要求自己一定要大賺，只想穩紮穩打地追求自己想要的生活。

因為投資不是我的本業，生活才是。

我很慶幸自己對於投資有基礎的了解，至少我可以去嘗試與摸索，在別人聊投資時可參與話題，即使不深入也可保持吸收這方面資訊的開放態度，這種生活讓我感到既簡單而且輕鬆。

沒存到這兩筆錢，千萬別貿然投資

這篇主要會分享一些關於投資的基礎概念，大家應該都有聽過「投資有賺有賠」，如果投資基礎沒有打好就貿然進場，就不能算是投資，而是投機了！

很多理財新手一定都有讀過或看過：「投資是增進財富最快的道路」，常常有些人聽到這句話就好像吃了迷魂藥一般，想要一股腦地把所有積蓄都丟到投資裡面，這樣是非常致命且危險的。所以我要告訴大家，到底要拿多少錢投資，以及到底要存下多少錢，才可以進行投資呢？

我會建議大家，如果要投資的話，一定要事先存好緊急備用金（請見 47 頁）。除了緊急備用金之外，還要多留一點儲蓄，之後再進行投資。

常常聽聞很多人投資到失心瘋，賠本後想要攤平，賺了又想要賺更多，如此一來很容易就會不小心把所有積蓄都丟到投資裡，這時如果自己不小心投資失利，很容易血本無歸。如果你有緊急備用金，至少還有這筆錢可以應付生活，但在投資前我們要

盡量地避免這種情況發生。

我建議出社會的小資族，緊急備用金至少先存滿 10 萬，而且儲蓄帳戶至少要先存到兩個月的薪水之後，再進行投資，這樣可以預防一些緊急狀況發生。

像是當月刷卡不小心透支，或是突然想要去上課進修，這筆錢都可以應付突如其來的狀況，而不需動用到緊急備用金。

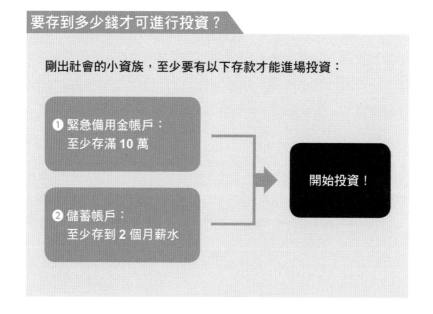

如果你還沒存到以上這兩筆錢，我不建議你進場投資，我會建議在存錢這段時間內，可以多閱讀、增進自己的財商，等你存到上述目標之後，就可以在進場投資時從容不迫！

該拿多少錢出來投資？

那麼該拿多少錢出來投資呢？我會建議投資一定要「專款專戶」，開立一個獨立帳戶，運用前面分享過的分帳戶存錢法，將投資的錢都放在這個帳戶裡面。

至於裡面應該要存放多少錢，一樣是依照薪水而定。我建議如果你是投資新手，可沿用一開始分享過的 631 法則，從 30% 的儲蓄金，再額外提撥 10% 進到投資帳戶裡。但是前提是你已經先存好了緊急備用金，以及有一些儲蓄本錢之後，才可以進行投資。

若你是薪水 30,000 元的上班族，利用 631 分帳戶存款法則，每個月就有 9,000 元儲蓄，你可以再從這 9,000 元裡提取 3,000 元放到投資帳戶裡。

或許會覺得每個月 10% 的投資本金，對你來說有一點太少，沒辦法達成想要購買股票的目標。我建議先不要著急，你可以一個月一個月地慢慢存，等到這筆資金你覺得可以進場之後，再下手投資也不遲。

一旦心急，就很容易會做錯決定，或是也可以利用比較少的資金，每個月定期定額進行投資。至於定期定額的投資方式，我會在後面的篇章進行更詳細的分享（請見 114 頁）。

每個人要拿多少錢投資，並沒有一個定數，但是有個重點，用來投資的這筆錢一定要是閒錢！閒錢的定義為，如果今天你的

這筆錢因為投資失利通通賠光，也不會影響生活，我認為這樣才符合投資的本意。

而且投資新手千萬不要借錢投資，在有負債的當下，更容易做出錯誤的決定，以及選擇錯誤的投資標的。

在此之前，你還有個最重要的任務，一定要先做好功課再進行投資，這樣進場的心態才正確！

勛語錄

投資有賺有賠，但往往只有成功的案例會被報導，失敗的人遠遠比成功的還多。

LESSON
14

基礎投資觀念，
讓理財之路更穩健

　　剛出社會的第一年，我常感到焦躁不安。我很害怕是不是就快變成自己討厭的那種大人了。

　　為了消弭這份茫然，我開始天天往圖書館跑，每天都從金融投資與行銷的叢書中，找幾本自己有興趣的書來看，但往往都是不小心借太多本，導致自己到了還書日期仍無法全部看完。

　　每當我看完一本書後，內心的惶恐就變少了一些，因為我不知道如何去定義自己的成功，所以我只好讓自己多吸收跟「賺錢」有關的知識。雖然「有錢」跟「成功」不一定劃上等號，但我知道，只要有足夠的本錢，就可以做自己想要做的事，所以，許多的投資概念都是從當時建立而成。

雖然我無法知曉在他人眼裡，我是個怎樣的大人，或許是視錢如命，抑或是充滿銅臭味，但我自己的信念是，既然我們的生活與金錢形影不離，如果我可以好好地掌控金錢，便可以掌握自己的生活。

投資，要勇敢踏出第一步

萬事起頭難，不管今天你要嘗試任何事，其歷程都是相同的。如果沒有踏出第一步，就很難完成後續工作，投資也是一樣。如果你一直因為認為投資很困難，必須把所有的理論與知識都搞懂後，才能進行投資，我很明白地告訴你，你完全是在作繭自縛！

因為你沒有踏出第一步嘗試投資的話，不管從書上或網路上，所得到的知識都是有限的，讀萬卷書不如行千里路，只有自己實際嘗試投資之後，才會更了解其中的成敗起因到底為何。

投資前，要了解商品與風險

在進行投資之前，有幾個比較重要的觀念要跟大家分享。

首先，你必須去了解各個投資商品，以及這個投資商品背後的風險。現今的投資工具非常多元，例如最常聽到的股票或基金，以及其他較複雜的衍生性金融商品，像是期貨、選擇權，還有一些虛擬貨幣。

如果想選擇某一樣投資商品時，除了要先了解清楚這個投資商品的風險之外，也要搞懂投資商品的運作方式。對於投資，我有個最簡單卻也最重要的原則──不懂的東西不要碰！很多新手常常為了要一夜致富，而去選擇高風險且操作難度相對比較高的投資商品。但如果功課都還沒做完的話，這樣就像是在賭博！

資金少，不投資

另一個要具備的觀念是，當你的資金很少的時候，先不要考慮投資。我相信應該很多人會認為，利用投資錢滾錢，不是可以賺得更快嗎？但是倘若你的資金真的非常少的話，想要靠投資讓資金翻倍是一件非常困難的事情。

在本書一開始，我有分享過 72 法則（請見 20 頁），同時也提醒：在剛開始進行理財時，存錢才是增加財富最快的方式；如果資金還不夠多，請不要貿然投資。可以先累積知識，等到資本達到一定程度之後，再進場投資。

舉例來說，如果只有 30,000 元的資金可以投資，假設投報率有 20%（有投報率 20% 就已經很驚人了），若你真的運氣非常好，賺到了這 20%，也只有 6,000 元。這代表需要投入更多的投資金額，或遇到非常多次 20% 的機會，才可以賺到第一桶金。但畢竟沒有天天過年的，想維持 20% 投報率是極為困難的事情，所以，若是資金真的不多，先存錢才是最重要的根本之道。

投資路上，要慢慢累積經驗

「投資路上，慢慢走比較快！」我相信應該很多人有聽過股神巴菲特（Warren Edward Buffett），他就是一個最經典的長期投資典範。

如果你投資想要一蹴可幾，賺到一點錢就想要快點把它賣掉，這樣子投資不一定會長久或賺得更多。

投資有各種的技術層面，有些人可能炒短線，有些人是長期持有，但是唯一不變的就是在投資的路上必須慢慢地累積經驗。所以常常有很多人說，投資急不得！當你想要進場投資時，要記得放寬心、慢慢來，不要讓一時的利益沖昏了頭，而在錯的時間點進場，或是選錯了投資標的。

找到共同學習的投資夥伴

如果想學習投資，你可以找一些共同學習的朋友，會比自己一個人研究，還要來得快很多。因為「一個人可以走很快，但是一群人可以走很遠。」

我建議找一兩個在投資上比你還要厲害、還要聰明的人，一起討論投資，透過彼此交流，學習如何去投資或聽聽不同的投資策略，但是學習並非盲目跟隨！這樣互相學習，在投資這條路上往往可以事半功倍！

善用虛擬倉，更了解投資

除了上述談到的觀念，還可以善用虛擬的投資軟體。現在有非常多投資 APP 都可以開設虛擬倉，如果你是一個投資新手，對於投資標的的選擇沒有太大的信心，先透過虛擬倉的操作來買賣，可以讓你少花一點冤枉錢。當然我也建議存錢的同時，可以順便利用這個虛擬倉的操作，更了解投資的方式。

投資自己，絕對穩賺不賠！

最後我要分享的是，投資自己才是投報率最高的方式！學習投資自己，絕對是唯一穩賺不賠的方式。

現在網路上可以獲取的理財投資資訊非常豐富，也非常簡單就能取得，像是網路平台的資料、YouTube 頻道、Podcast 或是閱讀書籍，多多利用各種不一樣的學習，內化成自己的財商，這樣你在投資這條路會走得比較順遂一點。

勛語錄

在投資這段路上，危機四伏，慢慢走比較快！

善用定期定額，
理財超前部署

　　理財方法千百種，投資方法也是。就像在旅行一樣，我們曾在路途中聽過許多故事與說法，自己也嘗試按照別人的建議去做，偶爾受傷、偶爾也獲得寶藏。

　　我最開始接觸投資的時候，總以為投資就一定要有鉅額存款，以及深深認為投資是有錢人才會做的事。

　　但在我接觸了許多方式之後，才發現原來「定期定額」也是一種投資策略，你可以輕易利用每個月僅剩的這一筆「小確幸」來投資自己的未來。我們總認定小確幸只能為自己帶來當下的快樂，卻常常忘了，其實只要學會正確的投資，就能延續這份微小又易碎的幸福。

從我進行定期定額投資到現在也將近一年多了，即使中間經歷過股災及股市崩盤的局面，生活依舊一如往常，每年發放的股利也成為生活中的另外一種期待。

我不敢說定期定額一定是最正確的投資方式，但它對我而言卻是最合適與最自在的投資。投資雖然有風險，但我嘗試讓風險降低，就算它發生了變數，日子也可以一如既往地過下去。

定期定額：分批買進，攤平投資成本

現在「定期定額」這個詞感覺就像是個投資流行語，如果沒聽過的人彷彿就落伍了。前面我也分享過，如果資金不夠的話，利用定期定額是一個蠻不錯的投資方式。

那麼定期定額到底是什麼？

簡單來說，就是在固定時間利用固定金額去買進相同的標的。定期定額的好處是不管今天股市是上漲或下跌，它都是用一樣的金額或一樣的股數買入。如果標的往上漲，就會買到相對比較少一點的單位，而標的下跌時，相對會購入比較多一點的單位。定期定額就是利用市場有時漲、有時跌的特性，利用分批買進的方式來攤平成本。

定期定額還有另外一個好處，不需要每天都盯盤！它的投資策略類似滾雪球，利用長時間複利的效果，讓自己的資本變得更大。如果你是用定期定額投資的話，就不用太擔心今天自己是否

買在高點，因為每一次買進時的價格，最後都會被均攤。

我舉個比較簡單的例子，如果你在 2008 年金融海嘯之前進場股市，在 2007 年到 2017 年這段時間分別利用單筆投資股票，以及定期定額的方式投資十年。若以單筆投資，這十年來的年化報酬率是 6%。但利用定期定額竟然高達了 10%，而定期定額投報率較高的原因，就因為它在高點時候會購買，在低點的時候一樣也會進場。

現在有越來越多的券商提供定期定額的方式，有的每個月最低只要 1,000 元，就可以定期定額購買想要的標的，對於理財新手來說，是一個不錯的嘗試。

用定期定額，累積投資經驗

定期定額也並非完全沒有缺點。如果隨著投資時間越來越長，當投資金額累積越來越多時，降低風險效果也會打折。因為總資本會隨著時間越來越大，相對而言，每一期投入的錢，對於總資本的避險影響就會越變越小，所以避險策略也會失效。

而且，如果選錯標的，定期定額一樣是會虧損的。雖然它是在高點時候買入，在低點時也會買入，但如果最終你購買的標的不斷往下跌的話，最後的成效也會是負的！

不過，如果你的定期定額想短進短出，甚至投資時間短到只有三個月，老實說獲利的效果很有限，至少要持有一年以上，

才有辦法看到效果，所以千萬不要因為一時的虧損就出場，這樣反而會比較虧！

　　但如前面提醒過的定期定額避險會長期鈍化，投資新手還是要注意當時買進的價格是否在相對低點，以及關注標的的趨勢，這樣才有助於提升自己投資的靈敏度，以免產生扣再久還是虧損的情況。

勛語錄

定期定額是一種投資策略，需要長期持有才看得到成效，但並不代表定期定額就絕對穩賺不賠。

投資路上最常見的五大工具

在大學的時候，我總聽人家說投資「基金」風險最低，很適合入門投資新手，所以便傻傻地相信了，遺忘了所有的投資都包含了不可預測的風險。

學生時期的我總是在捕風捉影下試著理財，所以東碰一點、西碰一點，跑到郵局去辦理定存，才存了 50,000 元，一年後領了 500 多塊的利息便覺得自己又更了解理財了。

現在回頭想想，自己猶如井底之蛙，以為仰頭看到的藍天就是全世界，從未了解在這世上有更深不可測的宇宙。

直到我真的出了社會，才第一次嘗試了申購基金，開始去了解各種投資商品的內扣費用或交易成本，將一切原以為自己早已理解的投資專有名詞真正搞懂，深刻地去體驗何謂「投資」。

世上很多事情都是如此，原本以為自己理解的已經夠多了，實際上卻發現這些只不過是理論而已，沒有經歷過就無法意會其中的道理。懂得理論雖然很重要，但我認為實際體驗一次，才是人生。

前面我已分享過一些投資的基礎觀念，接下來要談的是常見的投資工具。這篇中，我會簡單分享這些常見投資工具的風險，以及它的運作方式，你可以先藉由這個簡單的介紹，判斷自己適不適合這些投資工具。

台幣定存，適合新手；外幣定存，先掌握國際情勢

我相信「定存」是大家最常聽到的存錢方式，定存也是所有投資工具裡風險最低的。如果不考慮通膨因素，定存幾乎是穩賺不賠。就算提前解約，也不會傷害到本金，頂多少了利息。

定存，又分成「台幣定存」和「外幣定存」。一般來說，外幣定存利率通常都會高過台幣。但是購買外幣有「匯差」的風險，外幣常常會因為市場變動，而升值或是貶值。如果你對國際情勢或對外幣還不是太了解，只因為它較高的利率就買，很容易會賺了利息、賠了匯差。如果真的想要買外幣定存，可以先觀察一下外幣的走向，提升自己對外幣的敏感度之後，再定存外幣。台幣定存其實很適合理財新手，如果你對其他工具都還沒有做過深入研究，就是一個不錯的選擇。

股票：高風險、高報酬

除了定存，「股票」應該是我們最常聽到的投資工具之一，它有高風險、高報酬的特性。每家公司的股票風險程度不一，但利用股票賺大錢的例子也不在少數。

現在市面上有非常多證券商，在網路上也可以直接申辦交割戶或證券戶。股票交易除了要注意股價的波動與股利之外，交易成本也是一個需要考量的因素，後面會進行更詳細的說明。

投資股票的選擇相對也比較簡單，因為現在各種股票資訊非常容易取得，只要你上網查閱，就有非常多的購買股票教學或股票投資策略可作為參考。

基金：首次投資者的好選擇

基金，簡單來說就是募集投資者的基金之後，再交給專業經理人幫你做操作。在購買基金的時候，通常它不是只有單一標的，它可能會同時購買股票、債券，或是房地產等不一樣的標的。這些經理人會按照不一樣的投資策略，盡可能地創造出更好的獲利。

基金有幾點特性，第一點是它比較省時間，因為你已經將投資這件事交給經理人去負責，所以就不用花太多時間在投資管理上。第二點，基金的種類非常多元而且遍布全球，不管是房地產、債券，或是股票型的基金，都可任君挑選，此外你也可以選

擇想投資的國家，像是亞洲、歐洲，抑或是全球。所以很多投資人就可以依照想要投資標的，輕鬆進場。

現在許多基金都是利用定期定額的方式投資，如果你是第一次投資的新手，基金是一個不錯的選擇。但因為基金是交給專業的經理人來操作，所以相較於其他投資工具，它的交易成本會比較高一點。

ETF：適合小資或不想盯盤者

接著要分享的投資工具是「ETF」（Exchange Traded Funds），ETF 近年來的投資熱度也持續上升。簡單來說，ETF 就是「指數股票型基金」，它同時包含了指數、股票，還有基金的結構。基本上，一檔 ETF 會包含非常多投資標的，所以也可以達到分散風險的效果。

像最常聽到的「台灣 50（0050）」就是一檔 ETF，它是追蹤台灣前五十大的企業。現在 ETF 會比較熱門的原因，其中一個因素就是它同時具備了股票的特性，你只要透過一般券商，就可以直接在 APP 上購買 ETF。

第二個熱門的原因則是 ETF 像基金一樣，只要選購一檔 ETF，即包含許多標的以及持股，而且 ETF 是根據固定規則操作，沒有經理人代操，所以交易成本比較低，這是很多人為什麼喜歡選擇 ETF 的原因。

其實 ETF 很適合以下兩種人：不想要盯盤，或是資金不夠的小資族，都是一個不錯的選擇。

以上所提到的投資工具，不管是股票、基金或是 ETF，現在都可以利用定期定額的方式投資，所以即使小額也可以投資，這對於投資新手或是小資族就有更多元的選擇。

儲蓄險：我比較不推薦

最後一個要分享的投資工具是「儲蓄險」。如前面提提醒過，儲蓄險是我比較不推崇的，因為我認為它既不能算是投資工具，也不能算是儲蓄。

除非你原本是月光族，那麼儲蓄險可能就是一個強迫自己儲蓄的方式。但是，如果你非不得已要選擇儲蓄險，記得要去選擇保費相對比較低一點的，才不會因為繳了保費而影響到自己的生活品質。

以上這些是比較常見的投資工具，最後再附上一個投資工具的特性總表，供你未來選擇時更好取捨。

其實現在市面上的投資工具，真的非常多元，但是沒有哪個投資工具一定好，只要選擇一個最適合自己，而且可以接受的投報率，就是適合你的投資工具。

常見投資工具的報酬、風險評比

台幣定存

推薦指數 ★★★★ │ 報酬指數 ★ │ 風險指數 ★

優　　點　最簡單也是最懶的理財方式，基本上不需要理會風險，中途解約也不會吃掉本金。

缺　　點　利率太低，以目前台灣的銀行定存一年的利率都不到 **1%**，若把錢存在這裡會跟不上通膨的速度。

投資要點　建議可存放至「高活儲數位銀行」，不僅利率高且活儲的資金比較能靈活運用。

外幣定存

推薦指數 ★★★★ │ 報酬指數 ★★ │ 風險指數 ★★

優　　點　銀行的外幣定存利率會比台幣定存高，透過購買即期外匯的方式在低點買入，可以省下比較多的錢，也可在出國時領出使用。

缺　　點　在相對高點買入外幣，可能「賺了利息，賠了匯差」。

投資要點　建議選擇自己了解的國家或強勢貨幣。

股票

推薦指數 ★★★ │ 報酬指數 ★★★★★ │ 風險指數 ★★★★★

優　　點　若對市場或公司有研究，可以利用股票在短時間賺到高額價差，選對標的也能長期持有，更可以購過股利來獲得穩定的現金流。

缺　　點　若一味跟風而不了解市場或公司，有極大的可能賠掉本金。股票是雙面刃，好的操作能讓你賺錢，但若操作不當可能連投進去的本金都拿不回來。

投資要點　建議進場前須先了解投資的公司，並且設立停損點，或者可利用定期定額的方式降低風險。

基金

推薦指數	★★★ ｜ 報酬指數 ★★★
風險指數	★★★（風險與報酬會因選擇的標的不同而有所差異）
優　　點	可以節省研究的時間，交給專業經理人管理。種類多元、可按照能接受的風險和想投資的類別、標的進入市場。
缺　　點	績效掌握在經理人手上，對於投資的掌握度較低，而且交易成本也較高，需負擔手續費、保管費、經理費等費用。
投資要點	建議可選擇在交易費用上有優惠的平台，例如：基富通、鉅亨網。

ETF

推薦指數	★★★★ ｜ 報酬指數 ★★★ ｜ 風險指數 ★★★
優　　點	ETF 為追蹤市場指數，一檔 ETF 同時包含了許多標的，相對地分散了風險，申購費用也比基金便宜，很適合第一次投資的小資族。
缺　　點	有時指數是利用「預估」的方式，所以會與實際情況出現落差，並非穩賺不賠。
投資要點	建議選擇「原型 ETF」，而非有槓桿操作的 ETF，這樣可降低風險。

勛語錄

投資的世界令人眼花撩亂，唯有堅定自己的目標，尋覓到適合自己的投資策略，才會離成功更近。

Chapter 5

錢很少，也能開始投資股票

讀萬卷書，不如行萬里路，
你不一定要是專家，也可以嘗試投資。

我不是專家，
也能買股票

　　很多人認為投資是有錢人才會做的事情，但這個觀念是時候被推翻了。不論你的資產多寡，都應該嘗試投資。投資不一定會賺錢，但即使它有風險，卻值得一試。因為富人透過投資或許可獲得更多資產，小資族亦能從投資中找到翻身的曙光。

　　2016 年，我申辦了人生中第一個證券戶，它就像是一個成年禮，象徵著自己的獨立，讓我深深地覺得自己擁有可以改變人生的衝動與契機。

　　2018 年，在躊躇了許久之後，最終還是憑藉著自己的衝動買了股票，戰戰兢兢地買了人生中的第一張股票——中信金，

因為我知道如果不行動，我可能又會不斷地拖延，畢竟在我的個性中，逃避，是我的強項。

在這幾年間，我不斷地進行買入或賣出的交易，偶爾自我懷疑、偶爾雀躍不已，也在其中慢慢地累積自己投入的資產。雖然我不一定能每一張股票都擁有漂亮的成績，卻在每次的交易中擁有不同的體悟。

以往我總深信理論是實用的，但等到實際進入股票市場時才發現，經驗，才是最珍貴的。

2020 年，因為新冠肺炎的疫情，我遭遇到了人生中最大的一次股災，股市如同雪崩一般，投資帳面上的損益一夜之間傾瀉而下，無一倖免。

當時的我惶恐不已，就像是掉入泥沼中，以為自己能夠上岸，但我越掙扎就陷得越深。我在當時出清了手上三分之一的股票，以為是止血，但其實只是對於自己的沒自信，因為賣出的股票，在股災過後，就如同春天到來一般，陸續在冰凍的雪地中恢復生機，甚至長出了茂密的叢林，後來的股價甚至比我買之前還要高得許多。

這時候我才意會過來，「別人恐懼時，我貪婪」原來就是應證了這件事，當大家惶恐不安想要逃離時，勇敢進場才可以獲得

驚人的財富。

　　人性總是從眾的，逆向而行總是孤獨的，沒有足夠的勇氣便無法與之抗衡。我一直以為很了解這個理論，甚至深深地相信我有辦法做到，直到自己實際體驗過才發現，別人在恐懼時，我也隨之而害怕，那份貪婪也灰飛煙滅、無影無蹤。

　　但這些經歷對我來說都是很好的養分，未來股市再次發生震盪時，或許我不再那麼的膽怯，又或許我可以勇敢地逆風前行，哪怕只是一步，我都比昨天的自己更好了。

　　在同一年，我買了人生中的第一張生技股 —— 中天，因為全家人都買了，我每天看他們在群組中不斷分享這支股票的消息，回家後也不斷地聽取他們討論的意見，我便也深深的認為，這檔股票現在買就一定會賺錢。當時的我犯了最嚴重的錯誤，碰了自己完全不懂的股票！

　　這些都是最基礎的概念，我知道，甚至在影片中也常苦口婆心地再三提醒大家，然而，我卻自己違背了這個道理。

　　在我買進後，中天連續幾週持續漲停，僅僅帳面上的損益便來到了 20 萬，當時的我卻貪婪不已，認為可以賺更多，渴望更多的獲利與金錢，而這份希望就如同斷電一般戛然而止，並且接連一週的跌停，讓我的恐懼又復發了。

我每天都很害怕自己的股票賣不出去，在人踩人的股市中試圖找到一線逃離生機，卻還是被困在原地無法呼吸，等到我真的賣出後，才深深地鬆了一口氣，前些日子所發生的一切就如同曇花一現，虛無縹緲。

　　有了這個經驗之後我便知道，這絕對不會是我想要的生活。

　　於是，我移除了生技股的關注清單，不再輕易對於這類資訊隨波逐流，但也感謝這次的經驗，讓我深刻的感受到，讀萬卷書不如行萬里路。

　　你不一定要是專家，也可以開始嘗試投資。

新手怎麼買股票？

記得我第一次開證券戶是在大四的時候，當時的我一心想要變有錢，但總覺得自己存錢的能力有限，便開始搜尋各種投資的方式。因為家人都有購買股票的經驗，所以就毅然決然地先從股票下手。

做任何決定都是一種衝動，投資是、開戶是、愛情是、青春亦是，在滿懷青春衝動的大學時期，更是讓人無法安分，一心不甘淪於平凡而白白燃盡了自己的輕狂年少。

我的存款其實並不多，於是我從手上現有的銀行去尋找合適的證券商，最終選擇了在當時手續費極低、只需要 2.8 折的新光證券。

我找了一個沒課的日子，帶著焦躁與不安的心情，隻身前往台北車站旁的新光證券開戶。開戶完成後，我反而有一種不太切

實的感受，好像自己已經成為所謂的「大人」，卻又什麼都沒改變，但唯一可以確定的是，我可以開始投資了，為了自己的勇敢而雀躍不已。

雖然直到開戶兩年後，我才買進第一張股票，但如果當時的我沒有衝動，或許現在的我也會一直躊躇不前，用各種忙碌的藉口來推託，還好，我在 22 歲做了一個開始買賣證券的決定。

青春就像一場夢，到最後可能只會一頭空，但它卻可以為你帶來無比的能量與勇氣，去做那些真正想做的事。

開股票戶：證券集保戶、銀行交割戶

首先這一篇要分享的是，新手在購買股票之前需要做怎樣的準備？俗話說得好，萬事起頭難，這點不管用在哪一件事情上都通用，就算在投資上也是。縱使你已經讀了非常多的書、明白了許多理論，但沒有勇敢的跨出第一步，就永遠不會有結果。

我一直很喜歡一句話：「你不需要很厲害才開始，你必須要開始了才能很厲害。」任何事情都是如此，如果因為害怕而躊躇不前，那就只能活在短淺視野中所見的世界。

想要購買股票，第一步一定是先開戶，而開戶時又會開兩個戶頭，分別是「證券集保戶」，以及「銀行交割戶」。

「證券集保戶」為股票進出專用的帳戶，這個帳戶會以「股」為單位記錄所有股票的買賣。

第二個帳戶是「銀行交割戶」，這是讓資金進出專用的戶頭，也就是購買股票時專門用來扣款的帳戶。一家銀行可能會同時配合許多不同的證券商，所以開戶時，我會建議先從自己手邊現有的銀行帳戶中去選擇證券戶。但每一家券商提供的優惠都不盡相同，在開戶時還是要記得衡量一下。

投資股票需要開的 2 個帳戶

帳戶	特色	功能
證券集保戶	股票進出用	記錄所有股票的買賣，以股為單位。
銀行交割戶	資金進出用	購買股票時，專門用來扣款的帳戶。

如果已經開完集保戶及交割戶之後呢？

在開戶完成之後，通常會請你註冊該券商的證券 APP，註冊成功後，就可以直接利用 APP 在網路上下單。網路下單基本上手續費都是 6 折起，但是各家券商提供的優惠會有不同的折扣。而現在開戶變得非常方便，有一些數位銀行可以直接再加辦證券集保戶，讓股票開戶的整個流程，可以直接在線上完成操作，也不用花太多時間到銀行臨櫃申辦。

買賣股票時，需要負擔的費用

買賣股票時，投資者需要負擔兩種費用：「手續費」、「交易稅」。

「手續費」的部分，不管是「買入」，或是「賣出」，都需要支付。「交易稅」的部分，只有「賣出」時才需要支付。

在台灣投資股票每一筆買賣所收的手續費率公定價格是0.1425%。舉例來說，如果購買每股價值100元的股票，買一張股票就是1,000股，手續費是100元乘以1,000股，再乘以0.1425%，你需要負擔的手續費就是142.5元。

買賣股票的手續費

買賣股票手續費
＝每股單價 × 股數 × 手續費率（0.1425%）

Case 1

購買每股 100 元的股票，需付多少手續費？

100 元 × 1,000 股 × 0.1425% ＝ 142.5 元

➡ 購買每股 100 元的股票，需付手續費 142.5 元。

接下來，如果你想把股票賣掉，就要再額外加收 0.3% 的交易稅，如果以一股 100 元計算，這次要賣出一張的話，就必須再額外負擔 300 元的交易稅。

交易稅＝每股單價 × 股數 × 交易稅率（0.3%）

Case 2

賣出每股 100 元的股票，需付多少費用？

❶手續費：
100 元 × 1,000 股 × 0.1425% = 142.5 元
❷交易稅：
100 元 × 1,000 股 ×0.3% = 300 元
賣出股票費用＝❶＋❷＝ 142.5 元＋ 300 元＝ 442.5 元

➡ 賣出每股100 元的股票，需付442.5元。

簡單來說，當你買入一張股票，僅需負擔「手續費」；而賣出一張股票，需要負擔「手續費」及「交易稅」。買賣股票皆會有費用產生，所以如果你想要用原價賣出，一定會虧錢。

買賣股票需要負擔的費用

	交易成本	費率
買股票	手續費	0.1425%
賣股票	手續費	0.1425%
	交易稅	0.3%

股利：配股、配息

很多人購買股票就是為了它的股利。不管這家公司是發股票股利或是現金股利，都是一種股利發放的方式。

首先，所謂的「股票股利」，就是大家最常聽到的「配股」。配股通常都會以「元」為單位做計算。

舉例來說，如果這家公司要發行股票股利1元，而一張股票的面額是10元，算法就是股票股利1元，除以股票面額10元，再乘以1,000股，會得出該張股票該次配股為100股，所以這次的配股率就是10%。意思就是說，如果你手上有一張股票，就可以得到100股的股票；如果手上有10張股票的話，發放股票股利後，可以再額外得到1,000股的股票，也就是可以再額外多得一張。

計算股票股利

股票股利＝該年發放股票股利 ÷ 股票面額 × 股數

Case 3

有家公司今年宣布配發 **1** 元的股票股利，股票面額 **10** 元，擁有此張股票的投資人可得到多少股票股利？

股票股利＝ **1** 元 ÷ **10** 元 × **1,000** 股＝ **100** 股

➡ 持有這張股票，可領到 **100** 股的股票股利。

而「現金股利」也就是「配息」。我相信大家對於配息應該一點都不陌生，配息的計算方式相對來說簡單一點。如果這家公司願意發放每股 1 元的現金股利，計算方式就是用現金股利 1 元乘以 1,000 股，也就是一張股票可以拿到 1,000 元的現金股利。如果你手上有 10 張股票，就可以拿到 10,000 元現金股利。

計算現金股利

現金股利＝該年發放金額 × 持有股數

Case 4

有家公司今年宣布配發每股 1 元的現金股利，擁有此張股票的投資人可得到多少現金股利？

現金股利＝ 1 元 × 1,000 股＝ 1,000 元

➡ 持有這張股票，可領到 1,000 元的現金股利。

配股與配息會依照各家公司的股票會有不同的配發時間，但不代表去年有配發，今年就一定領得到，配股與配息會依照該公司當年的營運而決定是否發放。

以上是比較簡單一點的股票知識，如果要進場投資，就要了解自己的個性適合哪一種投資方式。有些人適合長期投資，而有些人喜歡短線炒股，可再依照個人投資方式不同，去學習不一樣

的投資知識。

在投資之前，我認為最重要的就是資產配置，前面我也分享過。投資一定要記得利用閒錢，我也會建議你額外開個帳戶，並且專款專戶，以後的投資都可以利用這個帳戶裡面的錢進行投資。接下來就可以依照自己的投資策略，看要採取定期定額，或是單筆購入去作投資布局。

理財小學堂

不可不知！買賣股票用電話下單的手續費較貴

買賣股票的手續費會依照各家券商提供的優惠而有所不同，但是網路下單最少都有 6 折。如果你是打電話請營業員下單，就無法享有任何折扣，在多次交易之後，手續費就會默默地吃掉了你好不容易累積的投報率，要多加注意。

勵語錄

對於投資，你不需要很厲害才開始，
你必須要開始了才能很厲害。

第一次買股票，
該怎麼挑選才好？

　　記得第一次買股票的時候，我非常的惶恐與緊張。縱使只是一張中信金，接近 20,000 元的金額，對於身為小資族的我而言其實非常的沉重，簡單的「下單」路上，對我來說不僅布滿荊棘而且蜿蜒。

　　那種感覺就像是我當初在拆學校的成績單一般，無法預料結果，卻又滿腹期待。明明我知道自己功課已經做足，也給自己許多時間觀察，卻無法擁有十足的把握，來證明自己所做的是正確的抉擇。

　　我的數學奇差無比，任何的算式縱使簡單，在我腦海中卻猶如天文數字般完全難以解開，但是對於「錢」，我卻極其的敏感，

可以瞬間算出該得到多少利息，或是找回多少零錢。

老實說，我對於自己現實生活中的算術能力感到驕傲，所以不用會三角函數來證明自己懂數學，我只需要透過「懂得用錢」，就足以告訴自己，其實我並沒有想像中差勁。

等我買了第一張股票後，就好像克服了坐雲霄飛車的心魔，急著想再體驗一次，這種短暫卻又暢快的癮，我知道自己已經愛上這種感覺，所以便更努力地研究各種投資的相關資訊。

我為自己的理想生活栽下了一粒種子，希望未來可以變成一座森林。

選股的五大原則

這一篇要跟大家分享的是「如何判斷一支好的股票？」透過這些方式可以過濾出比較好一點的公司，或是選到幾張比較好一點的股票。但我必須提醒，這些方式都只是一個參考，並非百分百絕對。

● 原則 1：公司市值及股本都大

首先，你第一個要選擇的是公司的市值及股本都大的股票。如果你選擇的公司股本非常的大，相對而言比較不會被有心人士炒作。如果選擇的公司股本很小，有心之人只要稍微炒作一下，這張股票就很容易會飆高或跌停。所以如果想購買比較穩定的股票，選擇市值比較大的公司是個比較好一點的保障。

● 原則 2：護城河多的公司

第二個方式是選擇護城河多的公司。護城河指的是該公司在這個產業是龍頭，或是相對來說擁有比較穩定的地位，如此一來就比較不容易被取代，也不容易被其他競爭對手威脅。所以很多人在選擇股票的時候，通常都會選擇某一個產業的龍頭股，因為這樣就算賠錢，也不會一次賠太多。

● 原則 3：獲利能力好的公司

第三個要選擇獲利能力好的公司。現在網路發達，只要上網查詢就可以輕鬆了解各家公司獲利情況。我建議你去找近 10 年來穩定獲利的公司。如果公司穩定獲利，每年的股利相對來說就會穩定發放。你也可以透過股利發放的方式，來評斷這家公司是不是一個持續賺錢的公司。但有一點想提醒，並非一直發放股利的公司，就絕對是好的公司，因為有些公司為了不使股利發放間斷，會借錢發放股利，所以最好的判斷標準還是以該公司的財報為準。股利發放只是一個投資的參考，不是絕對。

● 原則 4：股利連續 10 年穩定發放

第四個要看的是這家公司的股利是否連續 10 年穩定發放。如果這家公司的發展已經比較穩定，它短時間內再積極拓展的空間比較有限，基本上也不會有太多增產的需求，所以它會選擇把賺到的錢發給股東，而連續且穩定的發放股利，對於存股族來說，也是一個不錯的選股條件。

● 原則 5：計算本益比

如果你有研究股票，應該有聽過「本益比」。如果你已經透過以上的方法，過濾出幾家你心中理想的好公司，也覺得這幾家公司的體質沒有問題時，就可以利用本益比來判斷，現在這家公司的股價是便宜或昂貴。

本益比（Price-to-Earning Ratio，簡稱 PE 或 PER），顧名思義是「成本和獲利的比例」，指的是你買進股票後，多久的時間可以回本。所以如果這家公司的本益比越小，代表它的股價相對便宜，你的投資可以越快回本。

本益比的計算方式，是用現在的股價除以未來預估的每股盈餘（Earnings Per Share，簡稱 EPS）。你也可以透過本益比來判斷，自己是不是要在這時購買進這家股票。

例如，有家公司股價 100 元，預估未來每年的每股盈餘 EPS 是 5 元。那麼可以套用本益比公式，將股價 100 元除以每年賺 5 元的 EPS，就可得出買這張股票要花 20 年才能回本。

幫你找出便宜股票的本益比

本益比（PE）＝
現在股價（Price）÷ 預估未來每年每股盈餘（EPS）

➡ 本益比越小，代表股價越便宜，投資越快回本。

但是本益比有一個缺點，計算公式本該帶入「未來的每股盈餘」，但因為未來難以預估與判斷，帶入的數字都是去年的EPS。所以本益比僅能當作參考，而非一個精確的數值。

本益比太高，也不代表不好，如果一家公司安全且穩定獲利，市場上就會給予相對比較低的報酬，這樣算起來，本益比就會比較高；或是這家公司成長性非常高，它的本益比也會比較高，所以再次強調，本益比只能當作參考。

透過以上幾種方法，就能初步過濾出幾家好公司，但我會建議你在過濾出這一些公司之後，再一一去研究。多做功課只有好處、沒有壞處，讓你在投資的這條路上比較順遂。

勛語錄

你不需要真的對每一種投資工具都瞭若指掌，只要挑適合你的，就能創造屬於自己的奇蹟。

買進第一檔賺錢的股票

　　前面談過，曾經我也買過連續一週漲停的股票，結果它接著再連續跌停一週。一直覺得我是會依照自己內心執行計畫的人，在投資上也不例外。所以我一直以來都是買保守型的股票，像是金融股或是 ETF。縱使我投入的是閒錢，但是只要看到自己的帳面上產生虧損，難免還是如同被蚊子叮咬般，無大害卻感到奇癢難耐。

　　我也深信許多投資理論，像是「不懂的股票不要碰」，或「別人恐懼時我貪婪」。

　　但理論終究只是理論，當實際遇到時，狀況將會截然不同，你所學的、所理解的都將灰飛煙滅，感性將大過於理性，操控著所作所為。

如同戀愛一般，就算你看過再多的愛情語錄，深信自己已經變成感情專家，但當自己碰到相同問題時，卻依然無解。

唯有親身經歷才是最重要的，別人告訴你的那些金句都是「別人的故事」，唯有自己實際體驗，才能理解其中道理，金句人人都可以信手捻來，但是經驗卻無法取代。

如果沒有遇過那次買到不適合自己股票的經驗，我可能還是會深信，我是一個會堅持自己投資策略的人。但是偶然的一次意外或冒險，卻可以讓你更相信自己的選擇。

如何選擇第一張屬於自己的股票

前面我分享了一些投資股票的基礎觀念，接下來要分享的是「如何選擇第一張屬於自己的股票」。

相信很多人列出自己的觀察清單後，還是很難下手去決定自己的第一張股票，現在我就告訴你，適合投資新手的第一張股票應該要怎麼選擇。

台灣的股票非常多，總共有 1700 多檔，如果要逐一研究，就如同挑戰不可能的任務一般。所以我建議想要進場投資的話，可以依照風險的類別，來區分清楚自己適合哪一類型的股票。

最常見的股票分類是：保守型、穩健型，以及積極型。這三種類型分別有不一樣的投資風險，以及不同的投報率。

保守型股票：風險小、投報率較低

保守型股票，顧名思義就是它的風險比較小，相對報酬也會比較低。

最常聽到的保守型股票，應該就是屬於「金融股」了，像是中信金、兆豐金或是玉山金。金融股比較少出現大跌或大漲，但基本上都可以享有穩定的配息。

如果你是保守型的投資人，就比較不適合做短線操作，建議選擇正確標的，並且長期持有，讓時間複利帶領你的財富更上一層樓。

穩健型股票：風險中等、投報率中等

穩健型股票的風險不像保守型那麼低，但又沒有像積極型股票的風險那麼高，剛好介於中間。相對的，它的投資報酬率也會比保守型再稍微高一些。

我們最常聽到的大部分「龍頭股」的股票，像是食品的龍頭股如雞肉供應大廠「卜蜂」，或是日常用品的龍頭股如製造家居清潔用品的「花仙子」，都是屬於穩健類型的股票。

如果你還年輕，可投資的時間還很長，就可以選擇穩健型的投資。因為這類型的股票投報率也會比較高，就算今天這些企業遭逢變故，也不需要過度擔心，因為你還年輕，這張股票未來還有看漲的空間。

如果願意再承擔高一點的風險，穩健型的股票是一個不錯的選擇。

積極型股票：風險高、投報率高

　　積極型的股票就是典型的高風險、高報酬的標的。

　　通常積極型的股票會比較偏向於「話題股」，可能是生技公司突然要研發新藥，所以短時間內成為新聞、財經老師的熱烈討論標的，它就有極大的可能會在短時間內大跌或是大漲，而有操作空間。

　　如果購買這種股票，你要很積極地看盤，否則極有可能在一天內，它就會從漲停直接掉到跌停。像我之前購買的中天或是其子公司合一，都是這類型的股票。

　　但這一類的股票比較不適合長期持有，屬於時局性的股票，可能在當下它非常具有話題性，這張股票的股價就會被炒起來，等到話題風潮一結束，這張股票就會迅速地往下跌。所以，如果你是一個積極投資者，願意承擔比較高一點的風險，就要時時去注意最近的時局變化。

　　我要提醒大家，積極型的股票雖然獲利有可能很高，但相對來說它賠的機率也會比較高，所以投資前要先衡量看看自己適合哪一種投資方式。

三種股票比較表

股票類型	風險與投報率	代表	建議投資策略
保守型	風險低、投報率低	金融股	選好標的，長期持有。
穩健型	風險中、投報率中	龍頭股	有看漲空間，適合年輕人。
積極型	風險高、投報率高	話題股	不適合長期持有，需時時看盤。

如何觀察公司體質？

如果已經了解自己適合哪一種投資策略，我建議你可以先列一張觀察清單，再逐一去研究公司的營運狀況，以及這家公司的體質到底好不好。

你可以透過「台灣股市資訊網」，獲得比較簡單且詳盡的資訊。接下來，再依照一些相關資料，像是該公司財報或近期發展的事業訊息，來判斷這家公司未來有沒有發展性。如果這家公司最近負面新聞頻傳，就可能要注意。

除此之外，也要去研究這家公司目前的優勢，未來是不是有可能會受到威脅，像是傳統產業會不會被未來的科技給取代，這都是在選股票時，要注意的地方。

選擇股票投資有一個非常重要的關鍵是，你不懂的公司，千萬不要碰！

有些公司的股票可能大漲或大跌，讓你很想要去嘗試，可是如果完全不了解這家公司，我建議最好不要碰這些股票。因為你不了解這家公司的營運狀況，所以不清楚這家公司未來的展望，很容易在最高點時買進，買入後股價便往下跌。這就是因為對這家公司一點都不了解，才不了解趨勢，所以我建議要購買一家公司前，最好先研究，不然就是賭博，而不是投資了！

第一張股票，建議從大股票下手

如果你看完以上的建議後，還是無法篩選出屬於自己的觀察清單，我可以再提供幾個建議。

首先，如果要買第一張屬於自己的股票，建議先從大股票開始下手。大股票也就是前面分享過市值比較大，或是資本比較大的公司，而且股本至少要大於 50 億以上。因為它比較不會大漲或大跌，也不會被有心人士操控，所以如果是第一次進場，可以選擇比較保守一點的公司。

我認為第一次進場，可以往人多的地方去，因為人多的地方至少它有一定的安全性保障。

接下來，也可以依照自己的生活習慣常遇到或常用到的東西，去觀察這家公司有沒有發行股票。如果你很常逛 7-11，或許就可以參考一下統一的股票。你去銀行開戶時，無論是中國信託、台新銀行或國泰世華，都可以參考一下它們股票的走勢。

你也可以上網查看最近台灣總市值前 50 大的股票，並且從中挑選你比較了解的公司，進而再去研究。或者參考前面提過的投資方法，購買最近非常火紅的 ETF ——元大台灣 50（0050）。0050 就是追蹤台灣前 50 大的公司的指數，所以買了一張 0050 之後，基本上就擁有了 50 張公司的持股。這檔股票詳細的情況我會在下一篇分享。

勛語錄

不要妄想跟股票談戀愛，不懂的公司不要碰！

該買 ETF 0050
還是 0056 ？

　　我相信，如果你想要接觸投資的話，應該對於 0050 及 0056 這兩檔 ETF 一點都不陌生。

　　從我購買第一張 ETF 到現在已經有 20 個月了。雖然在這項投資上只是個初出茅廬的新手，但一晃眼也已經快兩年，雖然兩年並不長，但卻足以見證了歷史興衰。

　　一直以來，0050 及 0056 這兩檔 ETF 何者較好，總是會有兩派爭吵不休的論戰，我會參考這些見解，但不會全盤接受。

　　對於任何人提出的觀念與看法，我都會抱持著存疑的心態，因為所有的觀點都是主觀的，都帶有自己的情緒，所以每當困惑時我便會開始查證。

在股市之中，任何的經驗都已成歷史，但股票是現在進行式，所以我寧願親身體驗看看，利用定期定額的方式購買這兩支ETF。

我很慶幸自己還年輕，有時間去嘗試與冒險。雖然我相信理論，但我更相信自己的經驗。

或許我會失敗，但如果人生太過順遂，反而會有點不安，因為我知道自己不是一個幸運的人，所以偶爾的挫折對我來說，反倒是更好的佐料。

ETF 保有股票、基金的特性

ETF 是指數股票型基金，簡單來說它同時保有股票及基金的特性，追蹤某一指數表現的共同基金，像是台灣 50（0050）就是追蹤台灣前五十大市值公司的指數。

ETF 的另外一個好處是買了一檔 ETF，就等同買了許多檔的股票，而 ETF 相較於基金來說，算是被動投資的一種，因為它不像基金需要專業經理人操作。

只要購買一檔 ETF，它就會自動幫你追蹤指數，並且定期的汰換其中的成分股。這也是為什麼 ETF 最近非常流行的原因，尤其是台灣前兩大 ETF：元大高股息（0056）、元大台灣 50（0050）。

元大台灣 50（0050）：台灣市值前 50 大公司

　　首先要分享的是元大台灣 50（0050）。這一檔 ETF 是用完全複製法去追蹤台灣 50 的指數，它會從上市股裡挑選出 50 支市值最大的股票。每一季會進行篩選，如果不符合條件就會被踢出來，會有新的公司候補上，所以這 50 股的名單是有可能變動的。

　　目前這一檔 ETF 一年會配息兩次，而購買 ETF，除了買賣的手續費與交易稅之外，還需要額外負擔內扣費用，像是經理費及保管費。0050 內扣的經理費為 0.3%，而保管費則為 0.035%，而目前持有 0050 這檔 ETF 的人，僅次於 0056。

　　0050 基本上會隨著台股大盤指數走，如果大盤上漲，就會跟著上漲，如果大盤下跌，也會跟著下跌。但是目前 0050 有一個趨勢，就是大股所占的比例越來越大。0050 剛開始成立的時候，幾乎每張股票平均分配，但是到現在，台積電已經占了 0050 的四成。代表你買了一張 0050，其中有四成都是台積電，這也意味著台積電的走勢跟 0050 息息相關，所以如果想要追蹤 0050 的話，勢必要同步觀察台積電的發展。

　　購買 0050 有另外一個好處，如果你無法購買一張五、六十萬的台積電，就可以透過購買 0050 來持有台積電，因為買入 0050 也等於購買台積電的股份。0050 目前的股價比 0056 還高，依照它現在的股價，一股為 135 元（資料日期：2021.1.13）。如果是小資族，一次沒辦法拿出 100,000 元投資，可透過定期定額

買進持股，也是一個不錯的選擇。

元大高股息（0056）：台灣市值前 150 大公司，殖利率最高的 30 家

第二個要分享的是元大高股息（0056），這檔 ETF 是從市值前 150 名的公司中，預測未來一年內現金殖利率最高的 30 檔股票，所以它的成分股也會定期調整。如果這家公司的現金殖利率往下掉，就有可能會被汰換。

0056 這檔 ETF 一年會配息一次，目前內扣的經理費為 0.3%，保管費則為 0.035%。而 0056 這一檔 ETF 是目前台灣人持有最多的一檔 ETF。0056 的股價相對來說，就比 0050 還要來得低，目前股價落在 30 元左右（資料日期：2021.1.13），所以一張 30,000 元的 0056 比起一張超過 135,000 元的 0050，對於小資族來講比較友善。

因為 0056 是以現金殖利率的高低作為成分股選擇，在這市值前 150 名公司中，如果一家公司殖利率往下掉，就會有極大的可能被汰換，所以 0056 的成分股相較於 0050 來說，比較容易變動。0056 平均半年會有二分之一以上的成分股會被替換掉，但 0050 的汰換率就只有 5%。

因為 0056 是以「預測」的方式去挑選股票，所以基本上還是會有誤差。0056 相較於 0050，每一個成分股的比例上比較平

均，平均落在 3 ～ 5%，不像 0050 有台積電獨大的情況發生。

如果以過去 10 年來看，0050 的投報率（含配息）高達將近 197.67%，0056 也有 86.24% 的報酬率。但是若看殖利率，從 2018 到 2020 年，0050 的殖利率分別是 3.55%、3.61% 及 3.91%。而 0056 分別是 5.62%、6.7% 及 5.61%。

所以對於 0050 及 0056 的選擇，要依照你的投資屬性去決定。如果想要一直領現金股利，讓投資達到複利的效果，0056 會比較適合你。如果你想要追求高報酬、走勢持續看漲的投資的話，0050 是個不錯的選擇。

這兩檔 ETF 已有非常多人購買，你可以多上網看一些資料，比較它們歷年來的績效，再下手決定選擇的目標。

ETF 0050 VS. 0056 評比

用途	台灣 50（0050）	台灣高股息（0056）
成分	台灣市值前 50 大公司	台灣市值前 150 大公司中，殖利率前 30 名
每張價格	135,000 元	30,000 元
近 3 年殖利率	2018：3.55% 2019：3.61% 2020：3.91%	2018：5.62% 2019：6.7% 2020：5.61%
投資屬性	賺價差報酬	穩定領現金股利

（資料日期：2021.1.13）

股票想賺錢，不可不看「現金殖利率」

現金殖利率，是投資股票時選擇的標的之一，代表你買這檔股票後，每年能拿回的利息。

特別要注意的是，「現金殖利率」不代表「投資報酬率」，因為並未列入股價漲跌後的損益，只是看你每年能拿回多少現金股利。現金殖利率的算法如下：

現金殖利率（％）＝現金股利 ÷ 買進股價

Case

你以股價 100 元買進一家公司股票，它當年發放現金股利 5 元，這張股票的殖利率多少？

5 元 ÷100 元＝ 5%

➡ 這張股票的現金殖利率是 5%。

勛語錄

再好的投資標的都會聽到不同的見解，找適合自己的，最重要。

盤中零股交易的開放

零股交易在 109 年 10 月 26 日開放後，我相信很多小資族或剛踏入交易市場的新鮮人都躍躍欲試。在台灣股票市場，買賣通常是以「張」為單位，1 張為 1,000 股；「零股」顧名思義就是以「股」來當作買賣的單位，最低 1 股，最高 999 股。

以前零股交易只開放「盤後零股」，交易的時間是在下午 13:40 到 14:30 之間，並且會在 14:30 時統一集合進行競價搓合，僅有一次的交易機會。如果當天無法順利買到這張股票，就要等到明天再嘗試。此次開放的盤中零股在交易上多了許多靈活性，可在上午 9:00 到下午 13:30 之間送出委託單，會在上午 9:10 開始進行第一次的搓合，之後每 3 分鐘搓合一次，總共有 87 次的撮合機會。但零股交易有一個限制，它只能利用「電子下單」，

所以無法委託營業員下單。

盤後零股交易（舊制）vs 盤中零股交易（新制）

	盤後零股交易 （舊制）	盤中零股交易 （新制）
交易時間	持續運作 13:40～14:30	2020/10/26 9:00～13:30
競價方式	僅撮合一次， 於 14:30 集合競價撮合成交。	上午 9:10 起第一次撮合， 之後每 3 分鐘 以集合競價撮合成交， 共有 87 次的撮合。
委託形式	電子交易 人工交易	僅限「電子交易」
成交順序	價格優先	價格優先 時間優先
交易單位	1 股～ 999 股	

零股交易需要注意的地方

　　盤中零股交易可讓你用比較少的資金成為高價股票的股東，但有一點需要注意，那就是「手續費」。因為今天你購買的股數較少，手續費就會占據股價成本較高的比例。

　　舉例來說，如果今天台積電的零股成交價是 400 元，利用零股交易購買 10 股，如果你選擇的券商手續費的低消是 20 元，代表你必須負擔 4,020 元，而其中 20 元的手續費成本除以股數，

等於每一股的股價需要再加上這 2 元的手續費，所以買股成本會從 400 元上升到 402 元。

計算零股交易成本

Case

如果今天你買的零股成交價是 400 元，購買 10 股，手續費是 20 元，則交易成本是多少？

每股手續費：手續費 20 元 ÷10 股 ＝ 2 元
零股交易成本：成交價 400 元＋每股手續費 2 元 ＝ 402 元

➡ 你購買零股的交易成本為 402 元。

不要小看手續費的影響，我們常常為了股票漲跌 1 元就斤斤計較，所以購買的股數越少時，手續費就越為重要。如果真的要下單零股交易，建議選擇手續費低消 1 元的券商，這樣在下單時也可免去不少手續費的成本。

如前所述，目前券商收的手續費是以 0.1425％計算，有些券商會收取最低 20 元的手續費。若你以 10,000 元買進台積電的股票，手續費是 10,000 元乘以 0.1425% 費率，等於此次交易要付 14.25 元的手續費。由於這張單未達到最低 20 元的門檻，有些券商還是會直接收取 20 元，等於你要多繳手續費。

如果不希望多繳手續費，可以低消 20 元除以 0.1425％費率後，可得出 14,035 元，這代表每次買賣零股的單筆成交價最少要達到 14,035 元再下單，才不會吃虧。簡單而言，若你購買股價 605 元的台積電（資料日期：2021.1.13），要達到零股成交金額超過 14,035 元，至少得下 24 股。

　　這對於小資族不是一個輕鬆可以負擔的金額，所以選擇手續費越低的券商，讓交易的靈活度也越大。另外需要注意的一點是，零股交易比起個股交易的股價更高，因為零股交易是採「集合競價」，你下單的價格越高，越有可能成交，這點也是在交易時需要考量的成本。

零股交易，可和定期定額相輔相成

　　盤中零股交易我認為很適合與「定期定額」相輔相成，我自己的使用方法是在券商設定定期定額，在股市有所動盪時，再利用盤中零股的方式加碼買入。因為定期定額僅能在固定的交易日下單，所以透過盤中零股的交易方式就可以彌補這個缺點，並且提高操作靈活度。

勛語錄

資金少也能進行投資，但正是因為手上的資金有限，任何交易成本都必須考慮進去！

Chapter 6

投資外匯、基金，
放眼全世界

初次到銀行換取外幣時，
我覺得好像來到魔法的世界，
在這個分秒必爭的國度，
一個閃神就有可能錯失最美好的時刻。

台幣和外幣，
錢包有的必須懂

一打開錢包，你看到的是什麼？

是混亂不堪猶如被人遺忘的海灘，堆滿了各種垃圾，需要很努力翻找才可以看到一兩張勉強能使用的破舊紙鈔；抑或是排列整齊，如同那年盛夏青春中清澈的海灘，只消你一個眼神就能找到摯愛。

我一直認為，皮夾代表了一個人對於金錢的態度，是珍惜或不屑一顧。

我的皮夾中從來都不會出現收據及集點卡，皮夾只放跟「錢」有關的物品，與之無關的，我都另外收納，甚至丟棄。

我會將皮夾中的鈔票隨著幣值大小整齊排列。此外為了讓自己保持一點對金錢的信仰，我放進了一張美元，以及幾張新穎的新鈔，希望它們可以為我招財。雖然聽起來可笑，卻也是我對錢的一種尊重。

　　我一直都有購買美元的習慣，但僅止於數位帳戶中，因為我未曾踏入美國的土地，便也從未實際用過美元。

　　直到有一天，一位朋友剛從外國回來，他將身上多餘的一元美金免費地送給了我。我認為他遞給我的不僅是這張美元紙鈔，更是一個夢想與信仰。

　　或許你會認為我過於浮誇，但我始終相信在錢包中安靜棲息的紙鈔們，有一天會為我的熱忱添上翅膀，帶領我探險不曾去過的世界。

　　縱使我們熱衷於自助式的出國旅遊，卻常常對於外幣一知半解，只懂得拿著新台幣到銀行的櫃檯，用著藏不住笑意的嘴角說：「我想要換某一國的外幣」，卻未經過計算。認為拿到國外的貨幣就像是領到一張通行券，卻不知道，只要多一點用心，就可以獲得更多的喜悅。

　　初次到銀行換取外幣時，我覺得好像來到魔法的世界，看到電子版上有著各種不同花色的國旗，搭配著排列組合的數字，

時不時數字還會隨之而改變，我覺得來到一個分秒必爭的國度，一閃神就可能錯失最美好的時刻。

因為我第一次換外幣的過程實在是緊張與挫折大於興奮，所以回家之後，便開始研究如何兌換到更多外幣。但我更想要的是，面對這些數字時可以更從容不迫地知道自己要的是什麼。

近年來，數位銀行如雨後春筍地冒出，我就像神農嘗百草，在每個銀行都下載了 APP 體驗，為的就是從中尋找到適合自己的數位帳戶，並且分享給大家。

等我回過神來卻發現自己上了癮，數位銀行提供了誘人的利率，並且讓宅男如我的一般人，動動手指就能在金流的世界呼風喚雨。

第二次出國時，我用了數位帳戶換日幣，並且多換了好幾百元的日幣，接著利用數位銀行提供的優惠，沒有付任何手續費便領出了我當初所換取到的金額。

當時的我，有一種達成自己目標的感覺，異常的雀躍，但也感謝那個不願意放過任何優惠細節的自己，才可以成就如此美好的體驗。

我們不一定需要透過外幣賺大錢，但至少在需要這些外幣的時候，可以神色自若，並且清楚它可以為自己帶來什麼幫助。

知識就是力量，與其在這些數字中放任自己載浮載沉，不如勇敢地利用這些密密麻麻的數字，拼湊成一艘可以乘坐的小舟，帶你抵達財務目標。

　　了解它，你就會懂得如何善用它。

如何買賣外匯？

我第一次拿到外幣，是 17 歲的時候，正值高中。當時為了想要參加學校的赴日教育旅行而請求家父答應，家母便幫我換了值台幣 5,000 元的日幣。我看著手上的日幣，宛如獲得稀世珍寶，小心翼翼地撫摸著紙鈔，並且珍惜地放進信封。

直到 20 歲，第一次自己嘗試自助旅行，到台灣銀行換取外幣，看到各種幣別及接觸各種換匯名詞，瞬間頭昏眼花。我焦躁地等待著櫃臺的叫號，帶著忐忑惶恐的心情，告訴行員，我想要換的外幣。行員問我：「請問您想用台幣 8,000 元換港幣對嗎？」瞬間我的邏輯能力就像被打死結，回答得含糊不清。第一次換外幣就像玩闖關遊戲一般，讓我遇到了預想不到的挑戰，以為只要帶現金就可以，想不到還有各種需要了解的術語。

但也因自助旅行，讓我愛上了捕捉各種不同國家的樣貌，有人說出國就像在找自己，但我認為出國是讓自己逃避的心能夠得到短暫的小憩，好讓自己再面對更多未來的不安與壓力。

上一章分享股票投資之後，或許有些人依然認為股票難度偏高，所以本章要分享關於外幣的投資。這裡分享的外幣投資，不是購買外幣保證金那種複雜的方式，而是比較簡單的換匯。不管是股票、外匯、基金，或是其他投資，當你下手購買的時候，一定要事先做準備，先分享新手購買外匯前的準備。

我相信大家或多或少都有出過國，在出國前會去銀行購買外幣，或是換鈔票，其實在進行這個動作時，就已經在進行外幣買賣。但如果只是單純為了要出國遊玩而換匯的話，是不需要開立任何帳戶的。

第一步：開立外幣帳戶

如果想存外幣或想要線上換匯，就必須開立一個外幣帳戶。基本上到銀行開台幣帳戶的時候，行員都會問你要不要一起開外幣帳戶。如果在線上開立數位銀行，開戶完成後就可以直接透過APP 在線上做外幣買賣。

現金匯率和即期匯率，如何區分？

如果你已經擁有外幣帳戶，接下來就要了解牌告匯率名詞，

在進行買賣前，需要先搞懂「現金匯率」及「即期匯率」。

「現金匯率」，顧名思義就是你跟銀行之間的交易是透過現金，也就是外幣現鈔，而即期匯率則是和現金匯率完全相反，你可直接在線上進行外幣買賣，不會接觸到現金。

「現金匯率」和「即期匯率」最簡單的區分方式，就是看你有沒有接觸現鈔。交易時不管是買入或是賣出，有拿到外幣的現鈔，就看「現金匯率」。如果這一筆交易完全沒有拿到現鈔，就看「即期匯率」。

因為買賣外幣現鈔，銀行需要支出人力成本，所以這些成本就會反應在匯率上，這也是為什麼「現金匯率」會比「即期匯率」還要來得差一些的原因。

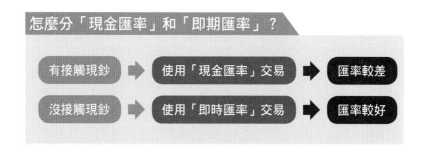

什麼狀況下會收外幣手續費？

跟銀行買賣外幣，有兩種情況下銀行會收手續費。

第一種情況，如果你持有外幣現鈔，想要存入外幣帳戶，銀

行就會收手續費,基本上手續費都是百元起跳,再看你跟該銀行之間平常是否有投資上的往來,或銀行有沒有提供其他優惠。

第二種情況,如果是在線上透過即期匯率買入外幣,之後要領現鈔出來,銀行也會收手續費,這筆手續費就是「匯差」,最低百元起跳,再依照換的外幣多寡,來決定手續費。

需支付外幣手續費的情況

1. 外幣現鈔要存入銀行。
2. 之前用即期匯率買入外幣,之後想提領現鈔。

匯差手續費的計算方式,是將你提領的外幣金額乘以「現金賣匯」減掉「即期賣匯」的差價,所得到的金額就是「匯差手續費」。

舉例來說,若用數位銀行的美元帳戶提領 100 美元,即期匯率賣出價格為 28.34 元,而領出時現金匯率的賣出價格為 28.535 元,這時需負擔的匯差手續費則會是 $100 \times (28.535 - 28.34) = 19.5$ 元。所以如果提領的外幣現鈔越多,被收取的手續費相對也會比較高一點。很多數位銀行都會提供手續費減免的優惠,所以換外幣之前可以參考各家銀行所提供的優惠。

匯差手續費如何算？

外幣金額 ×（現金賣匯－即期賣匯）＝匯差手續費

Case 1

我想用數位銀行美元帳戶領 100 美元現鈔，美元即期賣匯的價格為 28.34 元，現金賣匯的價格為 28.535 元，需付多少手續費？

$$100 \text{ 元} \times (28.535 - 28.34) = 19.5 \text{ 元}$$

外幣金額	現金賣匯	即期賣匯	匯差手續費

➡ 從數位銀行提領 100 美元，需花 19.5 元台幣的手續費。

如何買賣外匯，一次搞懂！

分享完「現金匯率」及「即期匯率」的概念之後，接下來要談的是大家都很容易搞混的「買入」和「賣出」價格。

在銀行牌告匯率上，你會看到四個組合，分別是「現金買入」、「現金賣出」、「即期買入」及「即期賣出」這四個組合。

如果你是理財新手，看到這四個組合很容易眼花撩亂，到底要看「買入」還是「賣出」的價格呢？

最簡單的方式就是將把「銀行」這個主詞，搬到「賣出」及「買入」前面，這樣就會變成「銀行賣出外幣」或「銀行買入外幣」，之後就可以依照這個邏輯去評斷。

簡單來說，如果要拿到外幣，就是銀行要賣外幣給你，這時就要看「賣出價」。如果手上有外幣，要存入銀行的話，就是銀行要跟你買外幣，這時就看「買入價」，這樣的方法是最清楚且簡單易懂的。

　　舉例如下，如果你出國旅遊前，想換外幣現鈔，等於「銀行拿外幣現鈔賣給你」這時就會用到「現金賣出價」。

　　如果出國旅遊後還剩一些外幣現鈔，你想存進銀行裡，這個舉動變成「銀行要買你的現鈔外幣」，所以此時就要看「現金買入價」。但是有一點要注意，多數銀行若要存入外幣現鈔是需要額外再加收手續費的。

如果你是用網路銀行購買外幣，變成「銀行從線上要賣外幣給你」，這時你就要看「即期賣出價」。

相反的，若網路銀行的外幣達到你所認為的高點，想要在線上直接兌換成台幣，等於「銀行從線上向你買外幣」這時就要看「即期買入價」。

我將常用的換匯方式整理成換匯使用表（請見 173 頁）。如果下次出國有換外幣的需求，或之後想買賣外幣，看到這個表就懂得如何解決了。

換匯使用表

- 重點 1：要從銀行角度來看匯率
- 重點 2：匯率價格，現金高於即期，賣出高於買入

	銀行買入匯率		銀行賣出匯率	
	現金	即期	現金	即期
匯率高低	最低	次低	最高	次高
用途	臨櫃外幣換台幣。	用外幣帳戶中的外幣換成台幣（例如：贖回國外的股票、基金）。	臨櫃台幣換成外幣。	網銀帳戶的台幣換成外幣。

外匯匯率表

幣別	銀行買入匯率		銀行賣出匯率	
	現金匯率	即期匯率	現金匯率	即期匯率
美元（USD）	27.58	27.63	28.25	28.03
港幣（HKD）	3.452	3.578	3.656	3.638
日圓（JPY）	0.2598	0.2671	0.2726	0.2711
人民幣（CNY）	4.228	4.3	4.39	4.35

（資料日期：2021.1.13 台灣銀行）

勛語錄

對於錢我錙銖必較，儘管是為了出國而換匯，
也要盡可能地拿到更多錢，在旅行前先擁有小確幸。

使用數位銀行，
掌握便宜換匯攻略

我第一次買美元時，就像買一個夢想。

常常聽人家說「美國夢（American Dream）」，指的是一個成功的機會，就像異鄉遊子妄想在台北功成名就後衣錦還鄉。而我的美國夢，如同孩童般的單純，就是踏上美國的土地。我渴望在不同國家中體驗到以往不曾想像過的事，而美國對我而言，就像是穆斯林心中的麥加，一生必須去朝聖一次。

所以購買美元對我來說，就像是一種信仰，除了利用美元賺取價差、投資之外，也希望有一天可以真正地將它領出，伴隨著我飛躍半個地球，落地在本該屬於它的國家。

我有一個習慣，會放一張一美元的紙鈔在皮夾中，而且皮夾

裡總是放著以前出國前未花完的外幣，花花綠綠的，就如同塞滿了各種夢想，他們彼此碰撞，偶爾濺起的回憶總是讓我回想到異國旅遊時的美好。

所以我兌換外幣時，只會兌換自己未來真正會使用的幣別，像是日幣、美元。無法出國時，他們就像一張等待兌換的支票，承載著夢想與希望，等待下次旅行時與我一同飛翔。

掌握換匯「讓分」優惠

如果想要得到比較好一點的外幣匯率，數位銀行是一個不錯的選擇。現在數位銀行的優惠已經非常多元，像是高活儲或是跨轉、跨提每個月的手續費減免次數，以及本篇主要分享的外匯兌換上的優惠。

透過數位銀行購買外幣，你要看的是「即期匯率」。而數位銀行在申購外幣時，除了即期匯率的優惠本身比較好之外，通常還會提供「讓分」的優惠。

「讓分」，簡單來說就是減碼。舉例來說，如果銀行在美元讓一分，就代表你每購買 1 美元，銀行就會回饋 0.01 元台幣。而通常數位銀行提供的讓分優惠都會比實體銀行再好一些。所以購買外幣時，可以參考哪家的銀行讓分比較多，這樣在兌換外幣時可再得到額外的優惠。

讓數位銀行自動幫你換到「好價格」

匯率就跟股價一樣，可遇不可求，它會依照國家的發展及國際情勢，影響每個國家幣值的升值或是貶值。

現在很多數位銀行，都可以設定「外幣到價提醒」。我會先設定好心中的理想價格，等到價格落下來之後，它就會跳出通知，提醒我外幣的匯率已經落到自己原先設定的理想價格。在賣出外幣時也是一樣，可以設定一個心中預期的高點的價格，等到外幣金額往上攀升，達到想要賣的價格的時候，數位銀行也會自動通知你下單。

數位銀行的外匯入門門檻低

想投資外幣，我建議可以利用分批買進的方式來分攤風險。如果你想要存外幣定存，數位銀行的門檻也會比較低。一般實體銀行如果想要存美金的話，基本上都是 1,000 美元或 2,000 美元起跳，換算成台幣約 30,000 ～ 60,000 元不等，對小資族來說負擔比較高。

但是很多數位銀行的定存門檻都相對比較低，有些只需 50 美元就可以定存。你可以透過 50 美金的定存來試試水溫，看這種投資方式適不適合自己。但我還是要提醒，50 美元換算成台幣才約 1,500 元，利息不會太多。利用 50 美元定存，基本上就是買一個經驗而已。

現在的數位銀行會推出非常多外幣的限時優惠，不管是活存或是定存，利率都會比一般實體銀行還要高上許多，雖然有時候會有金額上限，可是如果你是小資族，能夠多賺點利息也是不無小補。

不懂的外幣不要碰

在此要提醒一下，如果想要購買外幣，要選擇你比較了解的國家，就跟股票一樣，如果對這個國家不了解，就不要去碰它。就像很多人會追求南非幣，因為它的幣值漲跌幅度很大，很適合拿來大筆投資，可是如果你對南非一點都不了解，我會建議你不要買。

在台灣最多人購買的外幣，以美元以及日圓為最大宗。

台灣人非常喜歡去日本，所以很多人購買外幣出國使用。如果你購買外幣單純只是為了出國旅遊，利用數位銀行購買，會是一個不錯的方式。因為你可以分批買進，看到幣值低點就買一點進來，等到出國要領出時，就可以換到比較多的錢。

另一個台灣最常買賣的幣值就是美元，美元是強勢貨幣，所以基本上買美元比較不會有大漲或大跌的情況，它都會落在美元兌台幣 28 ～ 31 元之間的價格左右。

如果是第一次購買外幣，建議先做功課，可以先長期觀察一下，培養對外幣價格區間的敏感度。

最後，還有一點想要提醒，有時候外幣定存給的利率，通常會比台幣還要再好一點，但在兌換外幣的時候，要注意一下兌換價格，不然很容易賺了利率，但賠了匯差，這是購買外幣的新手最容易犯的錯誤，不可不小心。

勛語錄

外幣的利率有時候很誘人，
但別賺了利率，卻賠了匯差！

投資基金有什麼好處？

從大學時期起，我就一直很想要嘗試投資，因為那時的我便意會到，如果單純只存錢，一輩子都沒有辦法過上理想的生活，也無法在台北買房子，讓父母上台北跟我一起同住。

夢想是美好且不切實際的，但現實殘酷地如同一把利刃，總冷不防地戳破幻想，甚至順便割傷喜歡作夢的腦袋。於是我的夢開始越做越小，甚至不敢想像，深怕一有目標，又會被自己的無能為力狠狠地擊垮。

我第一個想要接觸的投資便是基金，因為到處都看得到基金的廣告，不管是網站廣告、電視廣告甚至連搭乘公車，公車的外牆上也不斷放送著各種基金投資的資訊。

投資對我來說，就像顆等待萌芽的種子，從大學時的蠢蠢欲

動，直到出社會後才開始敢踏出投資的第一步。

　　我第一次申購基金也是在出社會的第一年，雖然偶爾還是會擔心它的內扣費用是否過高，但我堅信，如果不實際體驗，便無法了解基金的運作模式。無論遇到任何事，如果因為害怕而不敢向前，那就無法得到任何回報。

　　很多人在研究投資工具的時候，一定都會接觸到基金，基金到底是什麼呢？基金就是集中一群人的資金，交給專業經理人管理，進而創造更大的收益。以下簡單分享基金的三大優點。

基金的三大優點

● 基金優點 1：用較少的錢，分散風險

　　基金的第一個優點是，可以用比較少錢，做到風險分散的投資。因為一檔基金裡會投資很多種標的，就可用比較少資金來投資很多不同標的。但不見得每檔基金都有辦法確實做到分散風險。因為有些基金會非常集中於某些固定標的，這時所承擔的風險就比較高一些。

● 基金優點 2：可節省研究時間

　　基金的第二個優點是，可節省你研究投資的時間。一開始有分享過，基金就是將錢交給專業經理人去管理，但這並不代表你不需要做任何功課，因為你還是必須對投資的標的有所了解，投資的效益才會更高。

● 基金優點 3：可投資的標的很廣泛

基金的第三個優點是，它可以投資的標的非常廣泛，基金投資的市場種類非常豐富且遍布全球，除了台灣，你還可以買到美國、日本、歐洲的基金。除了可選擇國家之外，還能選擇更細項的投資題材，像是債券、科技或房地產，這部分是其他投資工具比較難做到的地方。

分享完基金的優點之後，接下來要分享基金的缺點。

基金的三大缺點

● 基金缺點 1：費用名目多

基金最大的缺點就是交易成本比其他投資高一些。當你購買基金時，因為是交給專業經理人管理，所以購買時除了要負擔「手續費」之外，還要再額外負擔「經理費」、「保管費」與「帳戶管理費」。

經理費，簡單來說就是用來支付基金公司管理基金時所收取的費用，你也可以想成服務費。基本上，經理費會占內扣費用的最大比例，約落在 1% ～ 2.5% 之間。

保管費，是因為你的基金其實並非放置在基金公司，而是放在第三方的管理機構，所以會收取 0.2% 不等的費用。

帳戶管理費，也被稱作信託管理費，只有在跟銀行申購基金時會發生，每年 0.2%，並且在贖回時收取。

以上這些費用，除了手續費是在購買時會直接收取之外，其餘的都是屬於「內扣費用」。而每一檔基金的內扣費用都不盡相同，在申購前還是要仔細評估，否則就會在無形之中吃掉了你的報酬。若是透過銀行申購基金，所需要負擔的費用，除了經理費與保管費之外，還會再加上帳戶管理費，這也是為什麼透過銀行申購基金的成本會比較高的緣故。

只是現在可以購買基金的平台非常多，每個平台都會提供各種不一樣的優惠，所以下次要購買時，可以先去研究這個基金平台提供的折扣是什麼？再決定要不要透過這個平台申購。

● 基金缺點 2：投資者可控性低

基本上一檔基金中的標的都已決定好，你無法像買股票一樣，近期發現哪一檔表現好再加碼，而是比較被動地讓基金經理人去決策。畢竟，因為基金相較於股票來說，所需要的管理時間較少，所以相對的你也必須犧牲掌控權。

● 基金缺點 3：選擇標的太多，難以下手

截至 2020 年 11 月底台灣境內基金（含傘型基金）就將近 1,100 檔，而境外基金則是有 1,011 檔，總共相加就有 2,111 檔，超過台灣股票數量的 2 倍。

雖然基金可以選擇的題材與國家非常的多元，這也成了難以下手的一個缺點，常常被各種投資標的搞得頭昏眼花。這也是為什麼很多人投資基金時，常常會透過業務的推薦，他跟你介紹什

麼就申購什麼，反而沒有仔細思考就買了。

基金種類多元，便於找到適合自己的投資標的

　　大家聽到基金時，最常聽到的購買方式，應該是定期定額。當然，基金除了定期定額之外，也可以單筆購買。

　　如果小資族第一次投資，我非常推薦使用定期定額的方式，每個月只要扣除少少的資金就可以進行投資。但並不是說把錢交給專業經理人管理，這筆基金利用定期定額就一定穩賺不賠，這觀念絕對非常不正確，在選擇基金的時候看對標的，是一件非常重要的事情。好的標的值得長期持有，但是不好的標的有可能幾個月後就虧損連連。

　　基金也分成保守型、穩健型及積極型，可依照自己能接受風險及虧損程度來選。績效比較高的基金，也會伴隨較高的風險。但因為基金種類非常多，一定可以找到最適合自己的投資標的。

勛語錄

基金看似簡單，但其實內扣費用才是藏在暗處的魔鬼！

Chapter 7

創造多元收入，
自己就是最好的長期投資

或許我們無法成為名人，但也無所謂，至少，我們可以透過學習成為自己想成為的人。

story

我如何投資自己？

　　我一直都是一個很害怕自己一事無成的人，從以前到現在，只要不小心睡超過 11 點，我便會開始斥責自己，認為自己浪費了時間。

　　因為自己的沒自信，所以我很容易看輕自己，害怕別人都在努力，而我卻停滯不前。因為每個人都擁有相同且公平的 24 小時，在別人乘著這些時間往前進時，自己卻站在原地不動，那就等於自己在退步。

　　因為自己有這種想法，所以我總是想盡辦法將日常生活塞滿了工作，而工作的分量總是必須不偏不倚的，將我清醒的時間如

同蠟燭一般燃燒到最後一刻。

　　其實拍攝影片是一個非常內耗的一份工作，我感到自己就像一座礦場，不斷地將所擁有的知識藉由影像一次又一次地往外送，但也因為馬不停蹄的創作，常常讓我感到心力枯竭。

　　因為這種無助感，讓我明白到，我需要學習，在我不斷掏空自我的同時，我需要他人的知識來滋養不斷乾涸的內心。

　　對於世界，我一直是充滿好奇的，我喜歡任何事情都去嘗試，在行動中親身體會到自己對於新事物的感受，縱使不喜歡，也可以因為體驗過而有所成長。

　　但是如果我什麼都沒有做、不去嘗試，就果斷放棄，那就真的什麼都得不到。我也常常因為這靈光一閃的衝動，造就了許多意想不到的成果。

　　在學生時期，我總覺得學習就是為了成績，但是出社會後，學習就是為了自己。因為我不願輕易對現實妥協，所以希望透過學習來成就更好的自己。

　　我上過許多的課程，在一開始經營頻道時，因為那時對於行銷非常感興趣，便報名了師大進修部的行銷課程，雖然僅有少少的兩堂課，卻也讓我了解，原來懷有興趣與實際操作是兩個不同的世界。

因為對於日本、動漫的熱愛，我也開始學習日文。在學習日文時，我感到異常的開心，雖然授課的老師已 50 幾歲，卻也跟我一樣喜歡動漫，所以我時常在造句時參雜了許多動畫中會出現的角色與台詞。在看動畫時，可以逐漸看懂日文的原意，是讓我感到最有成就感的事。

　　雖然學習日文不一定對於事業有所幫助，但卻可以富足自己的內心，也可以讓我感到更充實。

　　有時候我也不免會感到迷惘，不知道自己是為了什麼而努力，但經歷一些生活中的變化，就會讓自己更有動力地繼續往前走，造就我前進的行動力，便是學習。

　　因為開始分享投資理財之後，我便開始涉獵許多相關的書籍或課程。透過閱讀，我才發現自己的不足，卻也同時感到慶幸，可以不用親身體驗這些失敗，就可以明白作者在失敗後得到的體悟，這些對我來說都是重要的養分。學習常常讓我感到安定，縱使不是實體書籍，一則新聞、一段 Podcast、一支影片或是一場演講，只要有辦法從中產生「哦！原來如此」的這種想法，我認為這就足夠了。

　　或許我們無法成為名人，但也無所謂，至少可以透過學習來成為自己想要成為的人。

迷惘的時候，不安的時候，試著讓自己去吸收別人所贈與的知識，內化過後，你會變得比以前更堅韌。

　　投資自己，永不吃虧。

財務獨立的第一步，
計算「淨資產」

在畢業的前一年，我開始計算起自己的淨資產。

想不到在短短的 10 分鐘內我就通通計算完畢，不知道是好或壞。幸運的是沒有背上任何的貸款或債務，就連信用卡的卡費也僅僅數百元。

我想這就是大學生最引以為傲的單純吧，沒有過多的負擔，也沒有現實生活中無情且沉重的壓力，甚至不會為了人情而逼不得已，只好消耗了存摺中好幾個零的數字只為維持彼此的友誼。這種人際間的羈絆明明脆弱不堪，卻不知道為什麼在現實社會就如同細小的風箏線，足以割傷皮膚。

因為大學的單純，所以我的淨資產算出來是正數，雖然是意

料之內的事情，卻還是為自己感到開心。當時的我還不懂投資，也從來沒有妄想過買車，僅僅為了想看著自己存款數字不斷地上升而已，也就是這個慾望，讓我杜絕掉所有會大量扣款的開銷與誘惑。

一直都覺得我是幸運的，在大學時因為自己對於錢的執著，讓我可以在出社會後可以不用為了生活而煩惱。雖然有時還是會問自己，現在的我到底是為了「生存」而活，還是為了想要的「生活」而活？

但我最終總能獲得一樣的結論，只要對於現在的日子感到富足，即使消費前還是要斤斤計較，這就是我自己的生活之道。

什麼是資產？什麼是負債？

這一篇中主要想分享如何增進自己能力和價值，讓未來更有競爭力！

在教大家如何增進自己的價值之前，第一步要先來「計算自己的淨資產」。

很多人常會有一個迷思，淨資產不就是自己的存款嗎？

這個觀念不算完全正確，因為生活中的負債會以很多不同的形式存在，這些負債可能不會立即扣掉你的存款。此時若只單看存款，就會產生盲點。

淨資產要怎麼計算呢？最簡單的計算方法就是，將你所有的

資產扣掉負債。

而資產以及負債到底該怎麼區分呢？

「資產」會實際將錢放進你的存摺裡，增加存款的金額；「負債」則會把錢從你的存摺裡面領走，減少存款的金額。

最容易被忽略的兩類負債！

在計算淨資產時，大家最容易忽略的就是關於負債的部分，在此分成兩大類來討論：

1. 各類貸款：

第一種是各類貸款，例如車貸、房貸、信貸或學貸，甚至是最常忽略的信用卡卡費，也算是一種貸款。

2. 被動支出：

第二種也是很容易被忽略的負債，就是「被動支出」。

像健身房的會費，或各大影音平台每個月需要扣繳的費用，這些都是很容易被忽略計算的隱形支出。

所以要計算淨資產之前，你一定要記得把這些負債一一列出來，才可以最精準地計算出淨資值。

假設你的資產除了存款與投資之外，還包含了車子及房子，在這些資產加總起來之後，要再扣掉上述的負債如車貸、房貸、信用卡卡費，還有其他以不同方式存在的的債務，這樣計算出來之後，才會是真正的淨資產。

如果你只是把資產加總起來，這些金額算起來都很虛，因為在計算時，並沒有扣掉任何負債，就會一直誤以為自己擁有許多資產。

了解淨資產是理財第一步！

了解自己的淨資產非常重要！因為可以透過淨資產的計算，來直截了當地知道目前的財務狀況。

如果淨資產是「正值」，非常恭喜，希望你持之以恆，並且

透過理財與投資的方式讓自己的資產達到心中的目標。

但如果你的淨資產是「負值」，也不用太氣餒，這時就更該學會如何理財，以及控管支出。

如果你已經願意踏出理財的第一步——計算淨資產，以後在花錢的時候也會變得更小心翼翼，去謹慎思考今天自己花的這一筆錢，到底是「需要」還是「想要」。

若你首次計算淨資產，可能需要花上一點時間，可是只要計算完畢之後，每個月只需要更新一次淨資產的內容，計算時間相對上就會縮短很多。

你也可以透過每個月更新淨資產的總額，來了解自己真正的財務狀況，以及消費行為。

要先理財？還是先理債？

當你了解如何計算淨資產的時候，就已經對理財跨出非常大的一步了。但如果淨資產算出來是負值，接下來就會面臨到一個問題：「我要先理財？還是先理債呢？」

我認為，如果你的貸款是利率非常高的高利貸，像信貸或卡債的利率可能高達 15% 以上，那二話不說就要先把這些貸款都還清，之後再學習如何理財。

如果你的貸款利率比較低一點，像學貸或房貸的利率可能只有 1% ～ 2%，就可以思考一下自己目前的投資能力是不是有辦

法應付這些貸款和利息。

如果你的投資沒辦法確保獲利率高於 2% 以上，我還是會建議先理債。因為投資有賺有賠，無法保證自己一定會賺錢，但是當你先將債務還清時，至少不會被銀行賺到那 2% 的利息。

如果你利用投資賺的錢來還債，一旦這項投資失利，不僅要還債，還會虧掉投資的本金。

所以到底要先理財還是先理債？最關鍵的還是取決於你的投資能力，如果你對自己的投資技巧沒有那麼有信心，我建議還是先理債。

什麼是「負資產」？

最後，我想要分享「負資產」的觀念，很多人可能對負資產有點模糊，其實很多東西就算你今天是持有者，它不一定就算是「正資產」。

舉例來說，如果你買房子只是為了自住，這個房子的貸款只會不斷從你的存摺裡面把錢拿走，它就算是「負資產」。

如果購買的房子是用來出租給別人，每個月可以收到一定的現金流，並且收取的租金大於房貸，就可以算是「正資產」。

另一個例子就是車子。

如果買車用於自駕，它同樣會一點一滴地讓錢從你的存摺裡流失，這就算是「負資產」。如果買車子是用於工作，或是可以

帶來其它效益，像是把車租出去，或拿來當 uber 或計程車，會為你帶來報酬，就可以算是「正資產」。

這並不是說買車或是買房後，可能會變成負資產就不好，只是我認為在購買前，可以先仔細思考，這樣對未來的理財規劃之路，也會比較順遂一點。

勛語錄

當持有的東西不會消耗存款數字時，
那才是真正擁有的資產。

該如何替自己加薪？

等我出了社會才知道，為什麼以前在學生時期，大人們總說「學生真的很幸福，只要讀書就好」，在當時為了應付考試並且想得到好成績而焦頭爛額的我，認為這些話就像提油救火，讓我對這些大人的想法更不屑一顧。

但是，等到自己終於離開學生身分這個保護傘時，我的人生卻如同一台瞬間失速的飛機，無止境地直線下墜，若不奮力提高速度，不但無法前進、更有可能墜毀。

現實的社會總是殘酷，沒有薪水就無法生活，不像大學生如果選到不想修的課，還可以退選，甚至是翹課，但工作就是你生活的一切，甚至更殘忍一點地說，人生有太多的時刻都是為了工作而活。

剛踏出校園的社會新鮮人，就像在泥沼中掙扎一般，渴望向上爬，筋疲力竭後卻總是在原地踏步，深陷現實的泥淖中。甚至因為自己在工作上已竭盡心力，開始覺得額外的進修或吸收知識對自己而言是種另類的救贖。

我常常後悔自己在學生時期沒有多修其他學系的課程，像是日文，因為出社會後這些課都是要額外付錢的。所以如果可以，在學生時期就盡可能地多多嘗試吧！我知道你或許聽不進去，但請相信我，不做不會怎麼樣，做了，你會很不一樣。

改變自己，加薪不再是空想

上一篇內文中，我教導如何計算自己的淨資產之後，相信大家應該對於淨資產稍微了解。但有時候計算完淨資產後，一開始或許會有一點小沮喪，因為這結果就如同當頭棒喝般，讓你明白原來這些錢都不屬於自己，可能會尋求各種可以讓自己薪水變多的方式，所以這篇想分享的是——年輕人必備的加薪技巧！

在聚餐時，常會聽到很多朋友抱怨自己的薪水不夠好，但是同時他們又不願意付出相對的努力。很多人一下班，回家馬上攤在床上滑手機、追劇或看 YouTube。我必須很直接地說，如果你一直過這種生活，並不會對未來帶來任何改變，甚至是加薪。努力和付出是相輔相成的，雖然努力不一定會成功，但是達到目標的最必要條件就是努力。

在這種日復一日的生活下，你只會因為習慣變成一種惡性循環。如果現階段還沒辦法改變工作環境，或還沒辦法談加薪，我建議可以先試試看「開源」的方法。我認為增進自己的能力，就是加薪最好的方式。

有助於加薪的能力，其實非常多元。舉例來說，像是現在自媒體及影音平台非常熱門，很多公司都會推出屬於自己的影像作品，來推廣公司形象。如果你的口條不錯，可以跟公司爭取露臉的機會。有學過剪接的人，可以嘗試剪接工作。諸如此類像修圖或後製等額外的技能，都可以增加你談判的籌碼。

但要記得在向主管或老闆毛遂自薦這些技能時，一定要勇於開口提加薪。如果沒有提加薪，只會讓薪水一成不變，而工作量變多，反而會讓你更想離開這個工作！

競爭激烈的社會，多元技能才能加薪

我認為增進自己的技能非常重要，現在不管是政府或各大學的進修部，都有推出各種課程任君挑選。像我目前就在學日文，甚至我想學習更多之前沒有接觸過的東西。

若認為學習語言對你來說無法有實質的改變，也可以嘗試去學投資或管理的課程。

前一陣子我去上了美股的投資課程，雖然價格不斐，但卻讓我在投資的領域中開創了另外一個世界，從中學到的觀念讓我在

新領域中更願意放膽去嘗試，也因為我願意踏出這一步，在美股投資的部分也稍微賺到了一點錢。

現在社會競爭非常激烈，如果不想盡辦法增進自己的價值，加薪就會變得非常遙遠。以上提的方法都是最基本的，因為技能是可以透過訓練及學習而成長，但是也需要付出相對時間，才有辦法獲得。

我認為「投資自己」是最直接的方式，只要你願意付出時間去努力，就可以獲得相應的回報。雖然有時候利用下班時間去進修，可能會覺得很累，但是之後得到的回報及成就感，是完全無法想像的！

就算投資股票也可能虧錢，但是投資自己是絕對不會虧錢。如果你真的想要增加自己的價值，那就放膽去學習，做真的想要做的事情！多一個技能，就多一個談判籌碼，之後談薪水的時候，也可以為你賺得更多自信，知道自己的價值非凡，更勇於要求加薪。

勛語錄

如果你害怕投資股票，擔心會虧錢，那你就投資自己吧！
相信我，投資自己穩賺不賠！

精進自己，
讓人生有更多選擇

自由業，對於很多人來說是一份夢幻的工作。

但老實說這份工作帶給我最多的是不安。由於無法確保下一份收入何時到來，等待接案時的自己，往往就像吸入過多的毒氣，讓人感到窒息而不適。

所以我總是想辦法為自己設定許多的目標，以及日常規劃。像是早上八點之前醒來，以及兩天運動一次，透過這些簡單的計畫來讓自己的生活更有規律。

在懶得看書的時候，我會戴上耳機，點開 Podcast 的 APP 聆聽投資、時間管理相關的內容，甚至在煮飯或是健身時邊聽邊做，我喜歡這種感覺，好像沒有浪費掉任何一點時間。

Podcast 除了有知識性之外，更多的是扮演陪伴的功能，但在相伴的同時卻又像朋友一般，偶爾會來個當頭棒喝，告訴你未曾了解或是搞清楚的真相。我想這也是為什麼在近期，Podcast 風潮來襲、耳朵經濟興起的原因。

我真的很慶幸自己生活在如此便利的年代，動動手指就可以找到自己想要的資訊，每個人都可以成為你生活中的良師。

自由業是很好的選擇，當你能充分運用自己的時間時，它確實是一份夢幻到會發光的職業。

設定具體目標，實現夢想的第一步

我們總是在跨年時許下新年新希望，但是每年的願望總是相同，唯一改變的就只有年紀。如果想要精進自己，讓自己變得更厲害的話，確認目標就很重要！

我建議大家可以設定一個遠期目標，例如三年或是五年的目標，重點是這個目標必須非常明確且具體化，才不會因為目標過度飄渺或模糊而放棄。

舉例來說，如果設定的目標是「我三年之後要變有錢」，這目標就太過虛幻而不真實。因為有錢的定義非常多，如果想達成的數目沒有明列出來，就很難執行。但如果列出「我三年之後要存到一百萬」，這目標就會變得明確且具體可行。

你可以利用這個目標，來精準計算出自己每個月或每年要存

下多少錢，甚至以此為動力想盡辦法增加更多的收入。倘若你的目標只是一個非常大且不切實際的方向，在執行時反而會失去動力，而且無從下手。

希望自己有所精進、成長，就必須先設定具體目標，不僅是存錢或理財，在很多學習層面都是一樣的。很多人在學習時，會列出模稜兩可的目標，像是今年一定要學好日文，或是今年一定要把英文學好等等。但是「學好」這個詞太於抽象，我建議設定一個實際目標，像是「今年一定要考過 N3 日文檢定」，或是「今年多益一定要考到 700 分以上」，這個目標就會更明確，也會比較有動力去執行。

設定目標後，紀律很重要！

接下來，我要提醒的是，在設定遠期目標時，千萬不要因為近期的蠅頭小利，而犧牲了遠期目標。舉例來說，有些人可能會因為一時賺了很多錢，就放棄了理財，或放棄了存錢的目標。一旦放棄之後，不但無法達成遠期目標，甚至會導致後面的理財規劃如同骨牌一般接著崩壞，這樣反而得不償失。

如果因為一時賺了很多錢，而不顧自己的紀律，這樣只會導致後面的目標越來越難以完成。就算突然得到一筆錢，也要秉持著紀律，不要讓這一筆錢毀了遠期目標。只要有設定目標，就勇敢去執行，不要因為害怕而故步自封。

別總在「準備中」，勇敢去做吧！

　　有些人在設定目標之後，總覺得要做很多準備才能執行，導致花費了大把光陰，卻還只是原地踏步。因為我們常常認為一定要把自己準備好之後，才可以踏出第一步。但在準備的同時，就已經流失掉非常多的機會。

　　時間只會不斷地往前，並不會為了你而停止。只要勇敢踏出第一步之後，就會如同順水推舟般慢慢地前行。就算偶爾不幸失敗也不要氣餒，因為至少在過程中學到了經驗，總比自己每天都在逃避，而什麼都沒有學到好。

　　在此，分享我精進自己的三種方法。

如何精進自己呢？

1. 去上課：

　　第一種精進自己的方式就是去上課，在前面也分享過，投資自己才是穩賺不賠的！

　　現在課程的選擇非常多元，而且你還可以選擇實體課程或線上課程。

　　若是實體課程，我建議可以先從短期課程開始摸索自己的興趣，千萬不要一次就報名長期課程，一上要上個兩年或三年，甚至是永久課程。因為這些課程的金額不僅龐大，且有極大的機率會中途放棄，所以可先從救國團或大學的進修課程開始。

如果你比較不擅長面對人群，也可選擇線上課程，現在線上課程非常多元，而且價格都不貴，只要買了之後，有的可以永久上課，還可以反覆地複習，其實也是一個不錯的選擇。

2. 多閱讀：

除了上課之外，第二個精進自己的方式就是多閱讀。

讀書是個投資報酬率最高的方式！因為一本書價格僅僅兩三百元，甚至可以利用借閱的方式，根本不需要任何成本，但書籍裡的含金量非常高。

如果想學習投資理財，我建議可以多多透過閱讀的方式。雖然投資理財的方式有許多種，但只要你多吸收，就可以內化成屬於自己的方式，也可以透過閱讀更了解自己的不足。

我推薦三本非常適合理財新手閱讀的書籍：

第一本是很多人推薦過的《富爸爸，窮爸爸》，作者以說故事的方式教導了非常多正確的理財觀念，就算是理財新手也可以透過這本書，很快吸收到正確理財觀念。

這本書對我而言最重要的是，它可以讓你清楚地區分「負債」與「資產」。在過往你可能認為是資產的東西，實際上都是不斷在消耗存款的負債。待你釐清這些觀念後，將來不管是在投資或在消費前，都可以更理性的分析。

第二本書是《讓錢自己流進來》，這是一本非常火紅的暢銷書，內容非常簡單。很多人可能覺得理財書很硬、不想看，但這

本書並不會。

作者同樣也是以說故事的方式講述，讓你很快地進入狀況。書中包含了如何增加你賺錢的方式，像是建構一個賺錢的系統，以及經營人脈等方式，可以在輕鬆閱讀中，增加財商。

最後一本是近期的書《跟著柴鼠學 FQ，做自己的提款機》，是由理財 YouTuber 柴鼠兄弟所撰寫的。這本真的非常適合理財新手，裡面包含了投資、理財，而且每一篇都以非常簡單入門的方式介紹，就算很艱澀的專有名詞，也會用不一樣的比喻，讓你覺得非常好懂。如果你是理財新手或想要接觸投資的新手，這本書絕對適合你。

這本書在每個投資方式上都利用簡單明瞭的方式來闡述，像是如何投資定存、基金、股票。相對而言這本書比較全方位，前面兩本比較偏向理財，這本書則是更接近於投資，讓你可以用來弭平在理財與投資之間的不安。

3. 勤學習：

第三種方式就是學習！學習有非常多管道，而且很廣泛，像前面提到的閱讀或上課之外，很多地方都可以獲取知識，重點都是免費的，像是現在 YouTube 上就有很多免費學習資源，或是現在流行的 Podcast。Podcast 非常適合通勤上班族，因為不需要觀看螢幕，就可以在運動、通勤或煮飯時邊聽邊獲取新知識，我覺得非常方便！

最後想跟大家分享是，你不一定要很有錢，才算是真正的成功，只要成為自己想要成為的人，那你就是一個成功的人！

勳語錄

成功的定義並不是只在於「錢」，
只要成為自己心中理想的樣子，那就是成功的人。

小資族創造被動收入的方法

「我一秒鐘幾十萬上下。」

這是無數人從小聽到大的一句話，雖然過時，卻又帶有令人嚮往的生活。

以前的人們總以為自己會在一間公司奉獻終身，但因為我太害怕一成不變的生活，所以在高中選學校時便立下了一個志願：「我以後絕對不要進辦公室工作」。

幸運的是，我實現了當時的願望。但現在回頭想一想，時代早已更迭，不再會有人對公司有如此高的忠誠度，更別奢望有一間公司可以陪伴你一輩子，都不會倒閉。

被動收入、財富自由是近期再度被重視的話題，我們總是希望在自己付出勞力換取薪資之餘，可以有另一份額外的收入，

這也是為什麼「斜槓」一詞總與「創造被動收入」緊密相連。我們總不甘安於現狀，所以試圖地去打破牢籠與枷鎖。

在這個不安與過分動盪的時代，我們可以確保的就是自己不要被世代的洪流給吞噬。

當初因為自己的不安而經營了 YouTube 頻道，同時開始投資股票，最後開始嘗試聯盟行銷，很感謝過往的我，因為對於未來的無法預測，而踏出了足以改變未來的第一步。

永遠都不要小看現在的自己，任何的決定都有可能讓你的未來變得更無可限量。

把「被動收入」當成替自己加「零用錢」

我相信，很多人應該對所謂「被動收入」有很濃烈的興趣。老實說「被動收入」這一詞，在近年逐漸被廣泛提及，是因為許多人想成為「FIRE 族」，甚至是渴望「財富自由」，而成就這些的方式便是所謂的「被動收入」。

在分享如何創造被動收入之前，我要先提醒，其實經營被動收入並不如想像中簡單。如果想要有穩定的被動收入，前面一定要經營很長的時間，以及付出相對的努力，才有辦法得到比較理想一點的被動收入。但也有人在付出相對的時間與精力後，被動收入依然沒有起色。

如果並不是真的非常有心想要經營被動收入，那麼它帶來的

財富，對你而言最多只能算是零用錢，無法單靠這筆收入去過後半輩子的生活。如果你想要認真經營被動收入的話，以下創造被動收入的方法可提供參考。

被動收入 ❶：股利

首先，最直覺的被動收入就是「股利」！前面曾分享過，股票投資分成配股及配息，如果持有的股票比較多張，這些股票都有穩定配息的話，每年就可為你帶來穩定的被動收入。

對於達成「財富自由」，我想大家心中應該都有一個理想數字，而這個數字會依每個人的生活型態有所差異。有些人可能覺得自己一個月三萬元就很足夠了，可是有些人可能一個月要五六萬元、甚至十萬元，或是更多。

舉例來說，如果你將每年股票的殖利率設成 5% 的話，那麼你要存下多少錢，才可以達成「財富自由」的目標呢？

透過以下算式可以讓你更清楚，想要利用股利達到財富自由，需要事先投入多少的資金。

舉例來說，若你心中被動收入的理想金額是每月 30,000 元，將這筆金額乘以 12 個月後，會得出 360,000 元，這就是一年生活所需的金額。

接下來，再利用剛剛算出來的 360,000 元除以股票殖利率 5% 後，可得出 7,200,000 元，這是在股票中投入的本金，才能創造

出每個月 30,000 元的被動收入，達成財富自由的目標。

如何靠股票達成被動收入目標？

股票總投資金額＝
（每月被動收入的金額 × 12 月）÷ 殖利率%

Case 1

在股票殖利率 5% 情況下，如何達成每個月 3 萬元的被動收入？

（30,000 元 × 12 月）÷ 殖利率 5% ＝ 7,200,000 元

➡ 投資股票 7,200,000 元，可達成每月 30,000 元被動收入。

　　這個需要投入股票的金額並不是百分之百精確，因為配股及配息每一年會因為公司的營運狀況而有所不同。所以這個計算方式計算出的金額，只是讓你參考。

　　你可能會覺得剛算出來股票投資總額有點多，但可以利用分批計算的方式，來計算自己每年大概要存下多少金額，才有辦法達成這個被動收入。

　　舉例來說，如果每年想要投資 150,000 元在存股上，股息是5%，如果達到這個目標，每年可為你帶來 7,500 元的被動收入。以此類推，如果投資的金額越多，被動收入也會隨著時間的增長越來越多。

計算存股的被動收入

Case 2

你每年存股 150,000 元，股息是 5%，每年被動收入是多少？

150,000×5% = 7,500

➡ 每年存股150,000元，每年可得到7,500元被動收入。

但前提是你買的股票非常優質、有辦法長期持有，才可以透過這樣的公式來計算每年應該存下多少錢。所以還是再次提醒，這些數字只能當作參考。

被動收入❷：販賣智慧財產權

第二個創造被動收入的方式，就是「販賣你的智慧財產權」。

智慧財產權產出的方式非常多種，舉例來說，現在熱門的YouTube 頻道，或是經營部落格，這些都是大家最熟知的運用智慧財產權的案例。

你可以透過頻道經營達到一定觀看數字之後，再開始慢慢接一些商業合作。

經營部落格也是依照一樣的方式。但如果不想拋頭露面，還是有其他方法，像是販賣拍攝的照片或畫的圖，現在有非常多

圖庫，可以註冊並且上傳照片。如果之後有人要用你拍的照片或圖，就可以得到相對的報酬。

你也可以販賣模板，有些人非常擅長製作精美的 PPT 模板，可以做好一套模板，並丟上網去販售。或者很會做影像動畫或插件，也可以上網販售。

如果你是一個很喜歡畫插畫的人，而且蠻有想法，可以出 LINE 貼圖。因為 LINE 現在使用人數非常多，如果貼圖夠有趣，販賣 LINE 貼圖也可為你達成被動收入的來源。

但我必須提醒大家，這些被動收入都是需要經營的，在初期販賣智慧財產的時候，可能不見得會有那麼多人買單。但如果你已經長期穩定經營，而且品質夠好的話，這些數字都會慢慢往上成長。

被動收入 ❸：聯盟行銷

第三個創造被動收入的方式是聯盟行銷，現在不管是滑 Instagram 或 Facebook，應該都會看到很多聯盟行銷的廣告。

但我要提醒，很多聯盟行銷極有可能是詐騙，我建議大家先經營自己的個人品牌，等到個人品牌的經營有一定起色之後，再透過聯盟行銷帶來效益。

舉例來說，如果很常旅遊，可以將旅遊的經歷寫成文章，或分享在 Instagram 上，長期經營下來有一定的讀者之後，就可以

跟旅行社或訂房網站談聯盟行銷。只要有觀眾或讀者，透過你的連結購買商品，就可以得到相對應的報酬。

我認為最健康的聯盟行銷，是你已經經營了一個自己的品牌之後，透過聯盟行銷相輔相成。或者，現在市面上有很多網站都有聯盟行銷的網址，只要你將網址分享給朋友，朋友只要透過這個網址訂購，你就可以得到報酬。你也可以透過聯盟行銷進行團購，搞不好可以省下不少買東西的錢，甚至還可以賺到一些小小的收入。

被動收入❹：將資產出租

第四個創造被動收入的方式是將你的資產出租。

現在有非常多平台都會提供會員出租自己暫時不需要用到的東西。有時候你可能買了一個非常昂貴的吸塵器，但如果沒有很常使用，可以考慮把它租出去。或者你剛好有閒置房子可出租，這都算是被動收入的來源。

可以出租的資產非常多元，請環顧一下生活周遭，有沒有哪些你買了可是不常用的東西，或許就可以把它租出去，這樣你可以繼續使用，同時也可獲取另外的被動收入。

最後，我還是要提醒，如果沒有用心經營被動收入，收入只會是微乎其微，甚至可能一個月只拿到幾百塊。所以千萬不要對於被動收入有太龐大的幻想。

我會建議先利用兼職的方式經營被動收入，千萬不要為了經營被動收入而馬上辭職，因為在經營被動收入時有個很重要的觀念就是「專注本業」，你必須先有一個穩定的收入來源，才可以支撐這些需要花費較長時間成長的被動收入。

勗語錄

被動收入不等於躺著賺錢，
未經努力經營的事業也難以成功！

Chapter 8

給年輕人的理財經驗談

越懂得理財，你就越不用為生活煩惱，越能將更多的重心放在自己的未來。

story

25 歲後，我決定丟掉 的東西與觀念

　　25 歲，對我自己來說是一個人生的轉捩點。

　　當時我終於存到屬於自己的第一個一百萬，雖然不多，卻像成就解鎖一般感到富足。我開始當一位全職的創作者，離開了讓我感到痛苦的拍片工作。一直都很擔心自己是不是一輩子都要困在拍片這個行業，我真的很感謝曾經的自己，因為一時的衝動而開始拍攝第一支 YouTube 影片，雖然笨拙，卻也因此改變了我往後的人生道路。

　　也因為如此，我總是鼓勵身旁的朋友，有任何想做的事就勇敢嘗試，我們不見得會成功，但至少你會知道自己努力過。

人生中最不欠缺的就是遺憾，我們總是在後悔中成長，但後悔就如同攀著年齡而上的藤蔓，蔓延在軀體上，甚至耀眼地開了花。我們總是想要讓自己從過錯中學到教訓，卻總是重蹈覆轍。

　　我們都明白，自己不改變就不會有未來，往往卻又深怕改變。歲月很無情，卻也很有趣。它催化了你的容顏、在撫平了傷痛的同時，也改變了你的想法，我們都是在無意間蛻變的。

　　老實說，我非常滿意自己的 25 歲，它為我帶來了意想不到的經歷。

　　曾經我也有個明星夢，渴望站上舞台上表演，也希冀自己有一天可以成為走秀的模特兒。以前的我總覺得自己與眾不同，但隨著時間的推移，卻發現自己平凡無比，甚至遠遠不及他人，所以漸漸的這些夢想就默默地在無意識中被現實給淹沒。

　　但是命運有時很有趣，當發現別人看不起你時，自己就會想辦法給自己一個機會。

　　因為 YouTube 這個平台，讓許多人發現了我，體驗上電視節目、在幾百人面前演講，以及拍攝自己所創作書籍的封面照。

　　在 25 歲這年，我決定捨棄等待別人給機會的心態，我願意自己創造機會；丟棄了一直以為我會穿，但根本沒有再拿出來的衣服跟鞋子；解除了那些好幾年沒聯繫的好友名單，我相信縱使

現在在路上擦肩而過，我們也不會認出彼此；我退出了那些毫無意義的群組。

我開始學會了斷捨離，原本以為丟東西是種痛苦的體驗，卻發現自己越丟越上癮，讓生活變得簡單且有品質。原來自己並不需要那麼多東西，一直以為自己總是少件衣服，到頭來才發現，我真正缺少的，只是對自己的自信。我以為家中需要充斥著各種實用的工具，但最後才發現，那只不過是自己的不甘寂寞作祟。透過極簡的生活，我對生活的諸多不安也隨之捨棄。

25 歲，在年齡的分水嶺上已經脫離了「青春」，我常常為此感到可惜。我既不能再以青少年自稱，連被小朋友稱作「叔叔」，也要泰然地接受。

我試著放棄那些無所謂的掙扎與自尊，體會到其實並不是每一件事情都只有贏與輸這種二分法，有得失心很好，但可以從中去學習並且改進更為重要；更了解到我們無法讓每個人都喜歡自己，但我不需要為了不喜歡我的人去改變。

不管如何，要試著相信自己，不要輕言放棄；我也明白了很多時候，不要因為害怕而不敢前進，我們常常覺得要準備夠了才可以走向下一步，但事實上必須踏出第一步，才可以準備得更加完美。

25 歲，對我來說很美好，而我也由衷感謝這些事件的發生，我會帶著這些感受，無畏地往下一個人生目標邁進。

大學生懂理財，
出社會先成功一半

　　大學的時候，我的零用錢有 5,000 元，當時我並不覺得自己「只有 5000 元」，而是我「竟然有 5,000 元」。

　　剛上台北獨自生活的我，還摸不透金錢的重量，還看不清城市中生活的殘酷，僅僅為了自己的離鄉背井而感到興奮。

　　但我知曉這 5000 元的得來不易，所以便下定決心自己絕對不要再成為家中的負擔。

　　為了想盡辦法不將這筆錢花光，所以我如同在研討作戰計畫般，謹慎地規劃要如何在這槍林彈雨的城市中，利用僅有的資源，從容且悠然地生活下去。

　　大學時的我，認為自己擁有大把耗費不盡的青春，所以總是

花費比較多的時間來省錢，我會在公車緩衝區結束時下車，可以少付第二段的錢，用走的到達目的地，或是騎著當時未騎滿半小時就免費的 YouBike，當成自己的代步工具。在還沒有打工的時候，我總是將一元放大成十元看待，這樣在花錢的時候就會更謹慎，但也常常因此感到揪心。

很多人說我很小氣，但如果因為小氣可以成就夢想，對我來說，非常的值得。

大學生的省錢妙方

這篇主要是想要針對大學生的投資理財，分享我在大學時如何省錢，以及如何利用打工有限的薪水存下更多錢。

如果你是大學生，可以從幾個部分去盡量節省，分別是食衣住行及娛樂，方式如下：

● 省錢妙方 1：飲食──要設定每日上限

在食的部分，我建議你一定要設定每天的消費上限，因為吃東西是所有開銷裡最花錢的，如果不設上限，有可能很快就會把錢花完。

因為我在大學的零用錢一個月是 5,000 元，所以設定一天的消費上限是 150 元。

150 元的省錢目標對於很多人來講，可能很遙不可及。

我常常會利用「少量多樣」的方式來點餐，可能會點一碗

小的滷肉飯、一碗小的乾麵，這樣就可以滿足自己的一餐所需，卻可以同時吃到兩樣東西，或是選擇有供餐的打工，也同樣可以省下很多錢。

我曾經在超商打工，那一年，我每次下班總是拿取許多當天的報廢食品，部分當宵夜，部分則是當成隔天的午餐。或者，也可以在咖啡廳打工，有些餐飲店在上班時都會提供員工餐，相對來說也省下很多錢。

但我還是建議大家依照自己的食量，以及薪水多寡來設定每天餐費的上限。設定上限之後一定要記得，時時刻刻督促自己，千萬不要透支。

● 省錢妙方 2：衣著──不追求流行

在衣著部分，很多大學生常常為了追求流行，新衣服一季換過一季。這種情況下，不僅錢會花很快，也非常浪費。所以我建議你不一定要追求流行，你可以購買二手衣，價格相對會比較低一點。

我現在的衣櫃裡都是素色的衣服，褲子也僅僅只有兩條，對我而言，反而可以避免因為選擇障礙而無法出門的情況。

因為素色衣服永遠不褪流行，就算撞衫了也不會覺得尷尬。我最常用的穿搭原則就是：褲子加素 T，冷的時候外面加件襯衫或外套，就可以營造出簡單俐落的穿搭。

而我的鞋子也僅僅只有三雙，最常穿的是一雙 699 元的白色

帆布鞋。因為它很便宜我也不擔心弄髒，以為它會很快就壞掉，想不到一穿也快兩年了。

● 省錢妙方 3：居住——找高 cp 房

在居住的部分，如果你住家裡，非常恭喜你，已經比租屋族更幸運，能多省下這筆錢。

如果租屋的預算不足，與人合租會是一個不錯的選擇；也不一定要租在市中心，若能退而求其次，租在一個離捷運站一到兩站的地方，有時房租會相對節省許多。

租房子時，除了租金之外，另一個要注意的開銷則是電費。

我建議你可以去找以台電寄來的帳單繳費的房間來承租，因為有許多的房東會用一度 6 元或 7 元來計算電費，這樣換算下來的電費其實不便宜。

若你的租屋處是以台電帳單繳費，就會依照用電的級距來收取費用，如果當月用電量比去年還少，甚至還可以享有節能獎勵的折扣。

● 省錢妙方 4：外出——節省交通費

在外出時，大學生通常不是坐公車，就是坐捷運或騎摩托車。如果你很常搭乘大眾交通運輸工具，建議可以善用轉乘優惠。像是公車轉捷運或捷運轉公車，在一小時內搭乘都可以額外再省下一半的錢。

台北捷運現在的優惠是採用常客優惠，搭乘越多次享有的折

扣就越高。

在購買捷運月票前都可以仔細地計算一下，自己每月搭乘的次數及距離，享有的優惠是否會比月票更便宜，這些都是在搭乘大眾運輸工具時可以多注意的細節。

如果你騎機車，善用自助加油，搭配與加油站合作的金融卡或信用卡，都可以為你額外省下不少的費用。

● 省錢妙方 5：娛樂──設定娛樂費上限

最後一個是娛樂的部分，大學生最喜歡三五成群一起出去玩，不管是夜唱、打保齡球，或是其他娛樂。我建議一定要設定娛樂開銷上限，而且不一定每次聚會都要出席，還是要看自己的經濟狀況而定。

友誼交流在學生時期是一件很重要的事情，所以我並不是要你每次聚餐都拒絕，只是要記得設定好每一次的消費上限，千萬不要朋友找你就去，這樣錢會永遠都不夠花。

我的大學時代支出分配表

分享完大學生如何省錢之後，接下來分享我是如何分配打工的收入。

在大學時期，我打工的方式是以工讀為主，薪水是依照排班及時薪計算，所以每個月的薪資都不太一定。

如果你也有打工，我建議一定要先設下每個月想存的金額，

也可以運用前面談過的 631 法則去存。

我在大學時就設定自己每個月一定要存下 5,000 元，再加上 7,000 元的房租，等於我每個月最少一定要賺到 12,000 元。每個月工作時，我會計算如何排班才能讓自己達到這個薪資。

有時候，我會因為時數較少的關係，不一定每個月都能存到那麼多錢，但是我一定會秉持一個原則，就是不管賺再少，都一定要把錢存下來！

假設沒有辦法存到 5,000 元，可以降低成 2,500 元或 3,000 元，但是千萬不要因為這個月自己賺得太少就不存錢，這樣存錢的紀律就會被打斷，等到下次薪水發下來的時候，可能就不想再繼續存錢了。

若打工收入已扣除每月固定存款的金額，剩下的錢你就可以依照比例分配在食衣住行及娛樂的部分。

我大學時的打工收入分配比例如下：伙食費通常會占 60%，交通費占 20%，治裝費及娛樂的費用則總共占 20%。至於租金，因為我通常都會提前扣除，所以在這些開銷的比例中，並不包含租金。

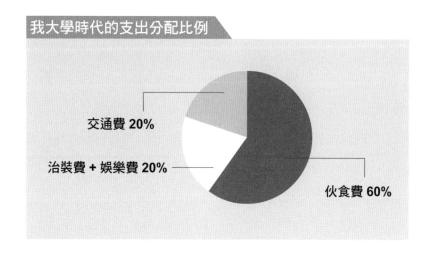

我大學時代的支出分配比例

交通費 20%

治裝費 + 娛樂費 20%

伙食費 60%

　　這支出分配的比例你可以依照自己的情況去做調整。

　　如果你的食量真的非常大，伙食費比例就可以再往上提升，如果對於衣著及娛樂沒有那麼多要求，就可以把這些開銷的比例往下調降。

大學是增進財商的好時機！

　　我非常建議大學生一定要在這個時候增進財商，大學應該有很多財經課程可以旁聽，很多講座都可免費參加。最重要的是多閱讀，即使大學讀的系可能不一定是真正喜歡的科系，但可以透過這段期間多摸索，找到屬於自己的興趣。

　　如果有想要當 YouTuber 的夢想，我建議可以在大學時建立你的 YouTube 頻道，因為學生時期是你最沒有金錢壓力的時候，

擁有「學生」身分這個保護傘，也不用每天被錢追著跑。此外，大學時比較有時間、空間，也讓人擁有比較多的創意。剛開始起步經營，也不需要有流量的壓力，只要自己做得開心就好了，搞不好就因此成功也不一定！

　　大學時可以多做一些之前你想要嘗試，但沒有做的事情。重點是，這時的你一定要多閱讀理財相關的知識，這樣出社會後，就會比別人少走很多的冤枉路。

　　我真心希望各位大學生可以多多充實自己，讓未來更精彩！

勛語錄

大學時期是生命中最寶貴的黃金時代，
可以盡情做想做的事情，
只要在這個時候擁有理財的基礎，
出社會後，就比別人先成功一半了。

社會新鮮人
存第一桶金的必修學分

　　以前工作時，我們常常稱呼自己為「臭拍片」的，因為總覺得社會對於拍片的人觀感其實不好。而且拍片的工時非常長，一天工作 14 小時算是幸運，工作 18 個小時則是常態。

　　當時的我很害怕，因為在這樣的工作環境下讓我感到很痛苦。希望自己有一天可以不再拍片，但卻常常問自己：不拍片之後，我能做什麼呢？忘記自己才 23 歲，明明擁有大好的前途卻故步自封。

　　當時我已經開始有計畫地理財並且嘗試投資。我告訴自己，至少可以在未來自己真的不想再做這份工作時，擁有一筆屬於自己的資產。

永遠不要覺得自己不夠好，但也要記得為自己留下後路，莽撞行事只會讓自己受傷。

錢在現實社會中很重要，懂得理財，至少你可以先不用為生活煩惱，將更多的重心放在自己的未來。

很多人到了出社會之後，才開始學會理財，或開始學投資，所以常常有時候會多走一些冤枉路，或者後悔莫及，所以我將在本篇分享給社會新鮮人應具備的正確理財觀念。

新鮮人的理財法寶── 631 法則

在理財部分，我很力推各位社會新鮮人利用 631 法則儲蓄（請見 30 頁）。這個方法對剛出社會的小資族真的非常實用。

我希望大家可以有一個觀念，如果你的薪水 30,000 元，按 631 法則每個月可存下 30%，每個月最多也只存下 9,000 元，一年差不多存入 110,000 元。如果你的工作沒有加薪機會，可能工作 30 年，最多也才存下 330 萬。如果你已經把儲蓄金額如上述方式換算成最終的存款金額，會發現自己每個月存下 9,000 元，其實好像也沒有存到很多。

當然我不是想潑冷水，只是如果你開始儲蓄的話，就會理解到錢的重要性，進而就會想開始學會投資，並不是只會死命存錢而已。

投資前做足功課，設法增加收入

　　如果已經建立正確的理財觀念，存款翻倍的速度就會隨之提升，這時除了想辦法存錢之外，增加收入的方式同樣非常重要。除了前面篇章曾提過的幾種增加被動收入的方式之外，就要學會投資。

　　在你進行投資之前，記得先存好緊急備用金，以及一定要先做好功課，絕對不要因為別人告訴你這檔股票很好賺，或做這個操作一定會賺很多錢，就輕易去嘗試。

　　在做任何投資之前，拜託一定要事先研究，不然很容易被人牽著鼻子走，到時你會發現自己只是被別人抓去做投資市場上的替死鬼而已。

　　如果你的資金不夠，透過投資獲取的報酬也相對較少，所以千萬不要認為利用少少資金就可以一夜致富。

　　一夜致富是最困難的，但一夜慘賠卻是有可能會發生的。

　　即使你投入的資金不多，只要選對標的，透過時間複利的發酵之下，成果就會非常的驚人。

　　我們不追求短期的報酬，但只要將時間拉長，隨著經濟的成長，很多投資的獲利空間都是不可限量的。

　　當然，每個人適合的投資工具不太相同，可能股票適合我，但卻不一定適合你。你可以選擇基金，或其他投資工具。所以我才會苦口婆心地說，在投資之前，你一定要記得謹慎地去研究。

如果你是小資族，每個月沒有那麼多錢，利用定期定額就是一個不錯的方式。但如果想利用定期定額，要記得長期持有，並選對標的，才有辦法突顯定期定額的威力。

最後一點要提醒的是，在投資前一定要用「專款專戶」，不然你很有可能在投資嘗到甜頭之後，就把所有積蓄都砸下去，反而提升風險。

如何擺脫月光族的魔咒？

除了投資之外，學會如何控制預算也是一件非常重要的事。只要你學會控制預算，就不會輕易成為月光族。

但是如果你不幸已經是月光族，那目標就是從「擺脫月光族的習慣」開始做起。

想擺脫月光族有幾種實踐的方式：

1. 學會記帳

記帳的重要性，前面我已提醒和分享過幾個好用的 APP（請見 98 頁）。透過記帳，你可以了解自己有哪些不必要的開銷，並且找出自己的不良消費習慣。

2. 減少被動支出

被動支出包括非常多種，很多人的薪水都是在不知不覺中被「被動支出」扣掉的。

我要送給大家一句話：「再便宜的東西用不到都是浪費」。

生活中有不少東西，可能購買時會覺得很便宜，但買後用不到，就變成浪費。

那可以減少的被動支出有哪些呢？

首先，就是你的健身房會員，如果你每個月去健身房次數其實沒有那麼多，建議可以換成依次計費的方式，這樣每個月也不用被扣那麼多錢。

第二個是進修長期課程，長期課程很容易因疲乏而不想去上課，造成無謂的浪費。

第三個是影音會員，這大多是採每個月計費，如果一個人觀看或收聽成本就非常昂貴，建議可以找朋友一起利用家庭分享的方式，在眾人分攤下費用相對會比較低一些。

3. 要強迫儲蓄

想擺脫月光族，你一定要強迫自己儲蓄。存錢最重要的關鍵，就是要記得「先儲蓄、後消費」。

如果你沒辦法堅持，我建議可以設定「每月自動轉帳服務（ACH）」，每個月薪水一匯進來之後，立刻幫你扣款轉到另外一個帳戶裡，就可以減少手癢把錢都花掉的可能性。

善用「自動轉帳」，強化理財效率

自動轉帳服務（Automated Clearing House，簡稱 ACH），在儲蓄、繳費或使用定期定額等投資時，都可自動設定轉帳，這樣就不會忘了繳費，也可以幫助你自動存錢。

勛語錄

先儲蓄、後消費，
是讓你存到錢最重要、也最簡單的一個準則。

國家圖書館出版品預行編目資料

25 歲存到 100 萬：學校沒教、掌握獨立理財思
維的 30 堂課，讓人生更有選擇權！/ 李勛作.
-- 臺北市：三采文化股份有限公司, 2021.02
　面；　公分. -- (iRICH；27)
ISBN 978-957-658-479-4(平裝)

1. 個人理財

563　　　　　　　　　　109020862

suncolor 三采文化集團

iRICH 27

25 歲存到 100 萬：

學校沒教、掌握獨立理財思維的 30 堂課，讓人生更有選擇權！

作者｜李勛
副總編輯｜鄭微宣　責任編輯｜劉汝雯
美術主編｜藍秀婷　封面設計｜池婉珊　內頁排版｜Claire Wei　內頁插圖｜池婉珊
行銷經理｜張育珊　行銷企劃｜呂佳玲

發行人｜張輝明　總編輯｜曾雅青　發行所｜三采文化股份有限公司
地址｜台北市內湖區瑞光路 513 巷 33 號 8 樓
傳訊｜TEL:8797-1234　FAX:8797-1688　網址｜www.suncolor.com.tw
郵政劃撥｜帳號：14319060　戶名：三采文化股份有限公司
初版發行｜2021 年 2 月 26 日　定價｜NT$380
　　6 刷｜2022 年 1 月 15 日

著作權所有，本圖文非經同意不得轉載。如發現書頁有裝訂錯誤或污損事情，請寄至本公司調換。 All rights reserved.
本書所刊載之商品文字或圖片僅為說明輔助之用，非做為商標之使用，原商品商標之智慧財產權為原權利人所有。